Ringel

# Wüste Weisheiten

Michael Ringel

# Wüste Weisheiten

Satiren. Glossen. Karambolagen

OKTOBER VERLAG
Münster in Westfalen

Am Hawerkamp 31, 48155 Münster
www.oktoberverlag.de


Satz und Umschlag: Thorsten Hartmann
unter Verwendung einer Zeichnung von ©Tom

Druck: Books on Demand GmbH
In de Tarpen 42, 22848 Norderstedt

ISBN: 978-3-946938-61-3

# Inhalt

# Vorwort

Zwei Dinge habe ich mit Kurt Tucholsky gemeinsam: den Wohnort im Dichterviertel von Berlin-Friedenau und den Hang zur Dickleibigkeit. »Dick ist keine physiologische Eigenschaft – das ist eine Weltanschauung«, ruhte sich der unsportliche Altmeister spöttisch auf seiner Rundlichkeit aus. Was mir lange gefiel, bis ich meine Anschauung änderte. Denn Corona kam über die Welt. Und mit der Pandemie das Coronafett.

In einer Kolumne schrieb ich einmal, dass auf meinem Grabstein dereinst stehen solle: »Aber er hat immer gut gegessen.« O ja, das hatte ich. Denn wer im Gefängnis des Heimtunnels saß, musste zumindest gut essen und trinken. Aber jetzt wucherten die Coronapfunde. Ich drohte, im Lockdown zu platzen. Sportliche Betätigungen waren kaum möglich, die Fitnessbuden geschlossen. Also legte ich mir ein Indoor Speed Bike zu. Die leiseste Rakete der Welt, schnell wie der Wind, rasanter noch als Kara Ben Nemsis »Rih«. Ein moderner Drahtesel, auf dem ich nun begann, nach der Arbeit meine Homeoffice-Farm in Gedanken jeden Tag zu umreiten, reiten, reiten. Zwanzig Minuten Minimum. Zwölf Kilometer ohne Gegenwind, den die Wahrheit und die Arbeit an ihr stets aufkommen lässt. Das schafft den Kopf frei. Und nicht nur den.

Ein halbes Jahr später war ich zwölf Kilogramm leichter. Ich hatte schon die Idee, 48 Päckchen Butter je halbes Pfund zu kaufen, zu einer Pyramide zu stapeln und mich daneben ablichten zu lassen. Frei nach Joseph Beuys eine ganz neue Art von Fettecke. Als rückwirkendes Vorbild für den großen Stubenhocker Tucholsky, dem ein Speed Bike sicher auch gut getan hätte, damit ihn nicht bis zuletzt das elende Gefühl gequält hätte, nur

»ein kleiner dicker Berliner« zu sein, der »mit der Schreibmaschine eine Katastrophe aufhalten wollte«, wie es Erich Kästner beschrieb, der übrigens auch um die Ecke in Friedenau einen Unterschlupf bei seiner Sekretärin fand. »If you can't change the world, change yourself«, wie es in einem Song von The The heißt. Allerdings hätte die Vorstellung, dass sich olle Kucht auf einem Zimmerrennrad abstrampelt und vom literarischen Schwer- zum körperlichen Leichtgewicht entwickelte, schon etwas sehr Komisches.

Zeitenwenden sind immer ein Anlass, grundlegende Gedanken zu fassen, zu resümieren und in die Zukunft zu schauen. Dem Pandemiejahr 2020 mit seinen notwendigen Zwangsmaßnahmen folgt schließlich das Jubeljahr 2021, zu bejubeln nicht nur, weil die Seuche hoffentlich bald überwunden sein wird. Nach der freudlosen Zeit gibt es endlich wieder etwas zu feiern. Zum Beispiel 30 Jahre »Die Wahrheit«.

1991 war die Humor- und Satireseite der Berliner Tageszeitung taz gegründet worden, im selben Jahr noch veröffentlichte dort der Zeichner ©Tom seinen ersten »touché«-Streifen und der Irland-Korrespondent Ralf Sotscheck seine erste Kolumne. Mit Beginn des Jahres 2000 wurde mir dann die Redaktion übertragen. Seit mehr als zwanzig Jahre bin ich nun der Wahrheit-Redakteur. Wie wäre es eigentlich dazu passend mit einem Buch? 2009 hatte ich zuletzt den voluminösen Band »Sternstunden der Wahrheit« (Oktober Verlag) herausgegeben, in dem feine Texte maßgeblicher Wahrheit-Autoren versammelt waren. Etwas Neues musste her.

So entstand die Idee, eigene Artikel, die auf der Wahrheit-Seite erschienen waren, noch einmal in Buchform zu präsentieren. Kolumnen, Glossen und Kollisionen aus dem letzten Jahrzehnt, die über das Alltagsgeschäft hinaus ihr Gewicht bewahrt haben. Besieht man sich die Themen, dann hat sich im Vergleich zu früheren Zeiten nicht viel verändert: Von der braunen Bremsspur-Partei Abschaum für Deutschland (AfD) bis zu den brutalen Ernstlern der neuen Schneeflöckchen-Polizei mit ihrem Kränkungsfetischismus und ihrer Stellvertreter-Betroffenheit fehlt allen humorfernen Ideologen wie Gretaisten oder Trumpisten der einzig mögliche Impfstoff gegen Pathos und Hybris, Größenwahn und Heldenverehrung: Ironie. Oder gar das stärkste aller Vakzine: Selbstironie. Und die kann man tatsächlich vom dicken Tucho lernen – trotz aller Schwere der Zeiten nicht die Leichtigkeit des Lachens zu vergessen. Nach der immer noch geltenden Devise: Wenn nur ein Leser einmal am Tag lächelt, dann ist die Welt wieder ein bisschen gerettet.

Michael Ringel, Berlin im Coronawinter 2021

# Gurke des Tages

Achtung, Achtung! Hier spricht die Homeoffice-Polizei! Wegen eines Unfalls im Bereich Esszimmer kommt es im Flur zu einem Stau. Scherben liegen auf dem Fußweg. Eine Porzellanschale ist mit der Katze kollidiert. Halten Sie eine Rettungsgasse frei. Die Notfallkräfte mit Besen sind unterwegs. Die Verkehrsstörung wirkt sich bereits bis auf den Bereich Arbeitszimmer aus. Planen Sie einen rund zehn Minuten längeren Arbeitsweg ein.

# Friedhof der Anschriften

»Mein Adressbuch gleicht einem Friedhof«, sagt Robert de Niro alias Noodles in dem Gangsterfilm »Es war einmal in Amerika«. Moment mal! Sagt er das wirklich in dem Film? Oder trügt mich die Erinnerung? Weil ich gerade mit einer der unangenehmsten Aufgaben des Jahres beschäftigt bin und dann gern die Gedanken abschweifen – zum Beispiel nach New York, wo ich im vorigen Jahr, als Reisen noch möglich war, unter der Brooklyn Bridge stand, an der Stelle, an der im Film die schrille Panflötenmusik von Ennio Morricone einsetzt, wenn einer der Freunde von Noodles erschossen wird. Ich hatte dort, noch vor der Pandemie, das diffuse Gefühl, an einem Ort zu sein, der einem Friedhof gleicht.

Eine ähnliche Ahnung von Grabstätte überkam mich davor nur im Sommer 1989, als ich in die DDR reiste und in Neustrelitz einen nächtlichen Fackelzug der FDJ beobachtete, die mit ihrer kümmerlichen Flackerdemonstration den untergehenden Staat zu retten versuchte. Eine Zeitenwende würde bevorstehen.

Zum Ende jedes Jahres verschicke ich traditionell an die Wahrheit-Autoren einen Gruß und Dank für die »wunderbare Zusammenarbeit« in der zurückliegenden Zeit. Das Kapital eines Redakteurs sind seine Adressen, die gepflegt und gegen den natürlichen Schwund durch Tod, Feindschaft und Abwanderung verteidigt werden müssen. Alte Kräfte stärken, neue Köpfe zuführen, lautet die Devise. Es lebe der redaktionelle Kapitalismus!

Das Adressbuch zu aktualisieren, ist eine leidige Arbeit. Sämtliche Anschriften von Autoren, Zeichnern und Freunden der

Wahrheit werden akribisch auf ihre Korrektheit hin überprüft. Und dennoch kommen jedes Mal rund zehn Prozent der Mails zurück mit dem Vermerk »Mail Delivery Subsystem«, was bedeutet, die Adresse ist nicht mehr gültig oder wurde falsch notiert oder jemand ist verstorben. Und das ist dann der Anlass, die Totenliste durchzusehen.

Zu viele Namen von Toten stehen in meinem Verzeichnis, Abteilung Friedhof. Da sammeln sich die virtuellen Grabsteine. Am schlimmsten ist es, wenn man in der Weihnachtszeit einen Nachruf auf einen Freund schreiben muss. Nur im paradoxen Coronajahr hat bis jetzt zum Glück noch niemand den Wahrheit-Kosmos verlassen. Aber es gibt ja noch den irren Orange Man Trump, der demnächst wahrscheinlich nicht nur Amerika in die Luft fliegen lässt, wenn er am letzten Tag seiner Amtszeit den roten Knopf drückt. Das wäre dann eine ganz neue Art von Zeitenwende. Wie heißt es in »Es war einmal in Amerika« so zielsicher? Und wenigstes dieses Zitat ist verbürgt und nicht erfunden: »Das Leben ist verrückter als Scheiße.«

Um aber die ganze Scheiße und das Grauen des Todes zu bannen, hilft nur das Lachen über meinen absoluten Lieblings-Cartoon: Der Sensenmann klingelt an der Haustür des greisen Johannes Heesters. Als der unverwüstliche Entertainer den Tod erblickt, dreht er sich um und ruft seiner weit jüngeren Gattin zu: »Simone, für dich!«

# Die Hörner des Präsidenten

Als die Wiederwahl des Präsidenten anstand, ließ er mich in sein ovales Büro kommen. Bis dahin war alles, was der Präsident berührt hatte, zu Gold geworden, seine Hotels, seine Frauen, selbst sein eigenes Haar erstrahlte gülden. Er aber bestimmte, dass nur ich die Haarpracht in der ihm genehmen Form schneiden dürfte.

Die Frisur des Präsidenten? Damit sollte ich mich in diesen schweren Zeiten abgeben? Waren nicht Äußerlichkeiten längst verblasst? Zählten mittlerweile nicht allein die inneren Werte? Der Präsident wischte meine Einwände brüsk beiseite. Als Fremder aus der Heimat seiner Vorfahren hätte ich keine Freunde im Establishment der Hauptstadt und könnte somit ein Geheimnis wohl bewahren.

Der Präsident warnte mich drei Mal eindringlich, dass ich das Geheimnis nicht verrate, sollte er es jedoch von jemandem hören, werde er mir die CIA, die NSA, die DEA, das FBI und den NCIS auf den Hals hetzen, die mich je nach Lust und Laune vierteilen oder steinigen, rädern oder schmäuchen, zermalmen oder zersägen dürften. Ich würde jedenfalls mausetot sein.

Ich versprach ihm also, das Geheimnis zu bewahren, und wurde sein persönlicher Haarschneider. Im selben Augenblick lüftete der Präsident den Schopf auf seinem Kopf und darunter kamen zu meiner großen Überraschung zwei Hörner zum Vorschein. Sie waren dick und kurz und leuchteten rot im Dunkeln. Vor Schreck rief ich laut: »Der Präsident hat zwei Hörner auf dem Kopf.«

Er aber hielt mir seine beiden Riesenhände vor den Mund, damit mich niemand hören konnte, und warnte mich noch einmal, niemals die Weltpresse zu informieren, damit sie sein dunkles Geheimnis nicht unters Volk brächte. Das Volk würde ihn sonst sofort verjagen.

Vorsichtig griff ich zur Schere, immer bemüht, die unheimlichen Hörner nicht zu berühren und seine biberpelzgleichen Haare so vorteilhaft wie möglich aussehen zu lassen, damit er wiedergewählt werde und mein Leben verschone. Und so ging es Woche um Woche im Wahlkampf, und ich wurde immer schweigsamer und verschlossener. Aber hat je ein Mensch einen stummen Friseur gesehen? Einen, der still vor sich hin schnippelt? Ich wusste, dass ich irgendwann mit dem Geheimnis herausplatzen würde und dass es dann um mich geschehen wäre.

Die Last auf meiner Seele wurde so groß, dass ich eine serbische Wunderheilerin in New York aufsuchte. Sie hatte den dicksten Hintern der Welt, aber das hatte so wenig mit ihrem Heilmittel zu tun wie die Tatsache, dass ihr Mann Schauspieler war in einer Serie, die »Recht und Ordnung« hieß. Genau wie der Wahlkampfslogan des Präsidenten.

Die Heilerin, deren eisiger Mann den Namen Tutuola trug, schlug mir vor, etwas zu tun, was bei den Griechen wie den Yoruba üblich sei. Dort gehe einer, der ein Geheimnis nicht mehr für sich behalten könne, es aber loswerden wolle, hin und grabe ein Loch. Da hinein rufe er es und bedecke es dann mit Erde, damit es für immer darin verbleibe. Sie selbst habe die Methode bereits einmal angewandt, und es habe ihr tatsächlich geholfen. Allerdings sei ihr ein wahrlich gewaltiges Hinterteil gewachsen und selbst ein Seelendoktor aus dem schönen Wien könne den Vorgang nicht erklären, was aber auch nicht nötig sei, da sie und ihr Gatte mit ihrem Körper nach der entrümpelten Seelenlast sehr zufrieden seien. Mir werde es bestimmt ähnlich ergehen.

Nicht ausmalen wollte ich mir, wo und an welcher Stelle mir etwas wachsen würde, doch bevor die inneren Konflikte mich überwältigen konnten, beschloss ich, ihrem Rat zu folgen. Ich suchte also eine von der Hauptstadt weit entfernte einsame Gegend auf, fuhr in die Mojave-Wüste und übernachtete in einem heruntergekommenen Motel im Flecken Tecopa.

Am nächsten Morgen wanderte ich hinaus ins Death Valley. Als ich den von Menschen am wenigstens frequentierten Punkt erreicht hatte, kniete ich mich nieder, grub mit bloßen Händen ein Loch, schrie hinein: »Der Präsident hat zwei Hörner auf dem Kopf«, bedeckte das Loch mit Erde und kehrte zurück in die Hauptstadt, um meine Tätigkeit wieder aufzunehmen.

Es war eine große Erleichterung. Auch wenn der Präsident misstrauisch blieb. Zu Recht! Denn zum ersten Mal seit Menschengedenken hatte es in der Nacht nach meiner Grabung im Tal des Todes geregnet. An ebenjener Stelle wuchs nun über dem Loch rasend schnell ein Binsengewächs, das eine alte Binse wahrmachen sollte: »Eines Tages kommt alles zurück.«

Es begab sich nämlich, dass ein ehrwürdiger Häuptling vom Stamme der Shoshonen auf einer sentimentalen Wanderung durch die Wüste die Binsenpflanze entdeckte und die harten Gräser zu einem Posthorn flocht, auf dem er simsen wollte. Er konnte sich leider kein hochwertiges Smartphone leisten und musste auf Naturprodukte zurückgreifen. Deshalb funktionierte das Binsenhorn auch nicht so gut wie ein gewöhnliches Mobilfunkgerät. Statt die Nachrichten des Häuptlings zu übermitteln, sandte das Binsenhorn immer nur eine einzige SMS hinaus: »Der Präsident hat zwei Hörner auf dem Kopf.«

Es kam, wie es kommen musste, wenig später erreichte die SMS Wolf Blitzer von CNN, der sofort »Breaking News« verkündete und im »Situation Room« die Nachricht aller Nachrichten enthüllte: »Der Präsident hat zwei Hörner auf dem Kopf.«

»Fake!«, rief der Präsident und erbleichte. Dann sah er mich mit wilden Augen an, denn ich schnitt ihm gerade wieder einmal die Haare. Natürlich dachte er, dass ich CNN sein Geheimnis verraten hatte, aber ich konnte ihm glaubhaft versichern, dass ich nichts mit den Shoshonen und ihrem Häuptling zu tun hatte. Ich war schließlich nicht Karl May! Und ein Friseur und eine Binse, das passte doch auch kaum zusammen, behauptete ich und erschrak fürchterlich, als ich in den Spiegel sah. Mir war eine cyranesk lange Nase gewachsen.

Bevor sich jedoch der Zorn des Präsidenten auf mich verfestigen konnte, überschlugen sich die Ereignisse, da das gemeine Volk aufs höchste verwundert war und sich fürchtete. Einige meinten, man müsse den Präsidenten auf der Stelle fortjagen, andere erklärten, es sei besser, ihm lediglich die Hörner abzuschneiden, habe er doch ein gutes Händchen für die Lösung aller Probleme.

Als man sich aber nicht auf einen goldenen Handschlag für ihn einigen konnte, fingen die Anhänger des Präsidenten an, auf die einzuschlagen, die nicht mehr Anhänger des Präsidenten waren. In wenigen Stunden gab es einen fürchterlichen Tumult im ganzen Land. Weil mich manche seiner Gegner an meinem Riesenorgan als seinen persönlichen Haarschneider erkannten, machten sie auch Jagd auf mich. Zum Glück konnte ich unbeschadet ins Land der deutschen Pygmäen fliehen.

Von unserem Kleinstaat aus betrachtet, ließ sich der gordische Schlamasselknoten nicht mehr durchschlagen. Und so rettete ich mich zumindest auf eine schwersymbolische Ebene, die spätere Generationen von Germanisten bitte dechiffrieren mögen, während ich noch immer meinen Enkeln vom großen schiefgelaufenen amerikanischen Traum erzählen werde.

# Tausend nackte Lappen

Zum 100. Geburtstag von Joseph Beuys wirft ein jetzt entdecktes Planbuch ein neues Licht auf den legendären Aktionskünstler und Magier mit Hut

Für die einen ist er ein Scharlatan, für die anderen ein Schamane der Kunst. Für den amerikanischen Romancier Dan Brown (»Illuminati«) ist Joseph Beuys der direkte Nachfahre Leonardo da Vincis, wie er in einer aufwendigen Recherche nachgewiesen haben will. Sicher ist nur, dass der niederrheinische Nussknacker mit Hut in diesem Jahr seinen 100. Geburtstag feiern würde. Und pünktlich zum Jubiläum sind neue geheimnisvolle Papiere aufgetaucht, die Beuys und seine Aktionskunst in einem bislang nicht gekannten Licht erstrahlen lassen.

Für sein neues Buch wollte der Bestseller-Autor Dan Brown eigentlich belegen, dass Michelangelo und Galileo Galilei ein intimes homosexuelles Verhältnis hatten. Leider stellte sich bei den Recherchen des dreißigköpfigen Teams heraus, dass Michelangelo exakt drei Tage nach der Geburt Galileis am 15. Februar 1564 verstorben ist. Allerdings stießen Browns Hilfskräfte bei ihren Recherchen im Archiv der Andy-Warhol-Stiftung auf einen Brief der Witwe von Joseph Beuys aus dem Jahr 1986, in dem Eva Beuys Warhol ein Geheimnis anvertraute. In einer verschlüsselten Botschaft, die Brown persönlich decodierte, berichtet die Witwe Beuys von einem klandestinen Einband, der versteckt im Keller von Schloss Moyland liegt: Joseph Beuys Planbuch der »Zukunftsaktionen«.

Dan Brown, der eine heiße Spur für eine gewagte These witterte, reiste an den Niederrhein und fand tatsächlich, wie im Code beschrieben, einen Schlüssel unter den Nutzpflanzenbeeten im Garten von Schloss Moyland. Der klobige Schlüssel passte exakt in eine zugestaubte Vertiefung, die in die hinterste Ecke des Schlosskellerbodens eingelassen war. Nun konnte das letzte Geheimnis des Joseph Beuys und damit aller Kunst gelüftet werden.

Schloss Moyland, in der Nähe der niederrheinischen Irrenanstalt Bedburg-Hau, war bis ins Jahr 1990 nur ein vergessenes und verfallenes Wasserschloss, vor dessen verwunschener Kulisse in den sechziger Jahren die Edgar-Wallace-Filme gedreht worden waren. In den siebziger Jahren legten dort junge Kiffer auf dem Rückweg von Haschischkäufen im niederländischen Nimwegen an der Bundesstraße B 57 zwischen Kleve und Kalkar nachts ihre Pausen ein, um Tüten zu rauchen und darauf zu warten, dass die gefürchtete Wallace-Schauspielerin Elisabeth Flickenschildt durch das Unterholz brach.

Doch in den neunziger Jahren weckten die Kunst sammelnden Brüder Hans und Franz Joseph van der Grinten, die über fünfzig Jahre lang Werke von Beuys zusammengetragen hatten, das Schloss aus seinem Dornröschenschlaf. Sie brachten ihre Sammlung in die Stiftung Museum Schloss Moyland ein und errichteten gemeinsam mit dem Land Nordrhein-Westfalen, das die Anlage kostspielig restaurierte, den gigantischen und abgelegenen Kunsttempel zu Ehren des Meisters.

Wie Dan Brown ermittelte, müssen die Brüder van der Grinten damals in einer Nacht-und-Nebel-Aktion zusammen mit der Witwe und einem wenige Tage später ums Leben gekommenen Baumeister im ehemaligen Verlies des Schlosses eine Geheimkammer eingerichtet haben – nur für einen Zweck: Der Nachwelt das geplante Werk von Joseph Beuys vorzuenthalten. Doch der Spürhund Dan Brown wollte sich mit der perfiden Unterschlagung nicht zufriedengeben und spielte die in Filz und Fett eingewickelte Schulkladde einigen ausgewählten Beuys-Kennern wie dem Autor dieser Zeilen zur Überprüfung zu.

Eine Offenbarung! Ein faszinierendes Zeugnis eines Universalkünstlers! Das erstmals auch Arbeitsschritte offenlegt, wie Beuys seine Aktionen plante und durchführte. Ursprünglich war der Krefelder ein mittelmäßiger Zeichner und Bildhauer, der, um zu überleben, Friedhöfe mit belangloser Grabkunst verzierte. Doch dann entdeckte er seine genussbringende Profession: die Aktionskunst. Beuys verbrachte schon mal ein paar Tage mit einem Coyoten in New York, streichelte tote Hasen oder pflanzte 7.000 Eichen in Kassel, die er durch Whisky-Werbung in Japan finanzierte. Der Whisky »Super« der Firma Nikka sollte eine besondere Antriebsquelle werden, wie Beuys' »Zukunftsbuch« zeigt.

Vier bahnbrechende Aktionen hatte der Professor der Düsseldorfer Akademie vor seinem Ableben noch geplant. Zunächst wollte er seinem Schüler Günther Uecker, dem sturen Nagelkünstler, der in seinem Leben sicher mindestens eine Million Nägel eingehämmert hatte, ein provokantes Erfolgserlebnis gönnen. Die beiden Kunstmittel Nagel und Fett sollten erstmals synchron eingesetzt werden.

Dafür erwarb Beuys, seinem Gewicht von 84 Kilo entsprechend, 336 Pakete Butter à einem halben Pfund. Schon die Zahl 336 verwies laut Beuys, der die Idee im Planbuch mit der doppeldeutigen Anmerkung »Super wie Luther« versah, auf das Mysterium des Todes von Jesus, der im Jahr 36 n. Chr. von drei römischen Soldaten ans Kreuz genagelt worden sein soll. Beuys und Uecker wollten die 336 Päckchen Butter unter dem Titel »Fettjesus« als mahnendes Kreuz gegen den Kapitalismus an die Tür des Kölner Doms nageln. Warum das Happening schließlich scheiterte, liegt im Dunkeln.

Für eine zweite Performance namens »Tausend nackte Lappen« hatte Beuys bereits Verhandlungen mit dem skandinavischen Urvolk sowie dem Technischen Hilfswerk, der Wasserschutzpolizei und anderen Behörden aufgenommen. Angedacht war, dass genau 1.000 Angehörige der früher Lappen genannten Samen völlig nackt mit ihren Rentieren bei Düsseldorf den Rhein durchqueren sollten. Was schiefging, beantwortet das Planbuch leider nicht, am Rand vermerkt ist nur das auffällige Wort »Superlativ!«.

Seine handelsüblichen Materialien Fett und Filz wollte Beuys für ein drittes Spektakel erweitern: »Borken und Knöker«. Der Plan, tagelang Popel zu sammeln, um sie, in Fett und Filz eingehüllt, als Mahnung an die mythische Kraft des Tieres zu verzehren, wurde allerdings fallengelassen. Interessant ist die handschriftliche Notiz, die einen Bezug zu Beuys' Kriegsvergangenheit herstellt: »Popel abgeschossen!« Beuys fasst hier erstmals auch sein Credo in einen Satz: »Kunst ist Super!«

Eine letzte Kunstaktion wollte Beuys offenbar kurz vor seinem Tod 1986 mit seinem alten Antipoden Andy Warhol durchführen. Inspiriert von der Puccini-Oper »Tosca«, bei der die Protagonistin im Schlussakt von der Engelsburg in den Fluss Tiber springt, plante er, dass Warhol und er zwei Superhelden gleich Hand in Hand vom New Yorker Empire State Building in den East River rauschen. Da die Entfernung zwischen Gebäude und Fluss für die Aktion »Jump«, die mit der Musik Van Halens unterlegt werden sollte, zu groß war und der ängstliche Warhol die Show als »foolish« ablehnte, wurde das Projekt gestoppt. »Super, Andi!«, kritzelte Beuys kritisch unter seine Vision.

Am 12. Mai 2021, pünktlich zum 100. Geburtstag des Magiers mit dem breiten Hut und Ego, wird nun der literarische Detektiv Dan Brown seine Erkenntnisse in der gastlichen Anstalt Bedburg-Hau der Weltöffentlichkeit vorstellen: »Der letzte Jesus« heißt sein neuer Megaseller. Die Filmrechte sind längst an Hollywood verkauft, Tom Hanks soll Joseph Beuys spielen. Und zur Premiere wird Bruce Springsteen den wahrlich größten Protestsong aller Zeiten neu auflegen: »Wir wollen Sonne statt Reagan.« Ein klangliches Meisterwerk der Popkultur für die Ewigkeit aus dem Hause Beuys, das noch heute jeden Menschen bang erschauern lässt.

# Die mordlüsterne Nobelpreisträgerin

Woher kommen Sie? Von der taz? Das ist ja witzig. Wussten Sie, dass ich früher für Ihre Zeitung gearbeitet habe? Am Anfang des Jahrhunderts. Das ist schon eine Ewigkeit her. Da gab es sie noch in Papierform. Ich erinnere mich genau und könnte Ihnen eine Menge Geschichten auftischen. Was alte Männer gern tun: Opa erzählt vom Krieg.

Aber Sie sind ja wegen der Buchmesse da. Obwohl das auch eine Art Kriegsgebiet war. Ein Krieg der Eitelkeiten. Wir sind im Herbst immer nach Frankfurt eingerückt wie ein »Platoon nach Bagdad«. So haben wir das damals genannt. Alle dachten nämlich, wir Komiker wären Chaoten. Dabei waren wir die bestorganisierten Messekräfte. Unsere Planung und Ausführung war, wie das früher hieß: »supidupi«.

Meine erste Million? Wie ich die gemacht habe? Ich kann Ihnen das Geheimnis verraten. Dafür muss ich aber ein bisschen ausholen. Haben Sie Zeit?

Irgendwann war mir aufgefallen, dass unsere Buchmessenreise wie ein Banküberfall funktionierte – zumindest erzähltechnisch. Ich überlegte sogar, ob man das in Wirklichkeit durchziehen und einen Haufen Geld machen könnte. Aber ich bin eher ein Geschichtenerzähler. Und so ein Bankraub ist viel zu viel handwerkliche Arbeit und fehleranfällig. In Unterweltkreisen gelten Banküberfälle nicht umsonst als Blödenkriminalität. Das funktioniert nie. Vernünftige Verbrecher lassen die Finger davon.

Und dann fiel die Buchmesse aus. Im Jahr 2020. Können Sie sich noch daran erinnern? Das war wahrscheinlich vor Ihrer Zeit. Es gab diese große Corona-Pandemie. Die kennen sie sicher aus den Geschichtsbüchern. Jedenfalls war da plötzlich diese Leere. Keine Vorplanungen, keine Fahrt zur Messe, keine Veranstaltungen, Gespräche, Empfänge, Umtrünke, Partys, Peinlichkeiten – nichts. Wir saßen zu Hause und erlebten das Übliche: Alltag.

Mit der Distanz zum Geschehen, mit dem Abstand aber kam dann die Idee mit der Buchmesse als Heist-Movie. Das Verblüffende ist ja: Dort laufen zigtausende Schreiber herum. Die Messe selbst war jedoch bis dahin nie Schauplatz einer Geschichte gewesen. Nur die ganzen verhinderten Schriftsteller, die Journalisten, beschrieben in ihren anekdotischen Artikeln, was wer mit wem hatte. Warum, wieso, weshalb … langweilig, uninteressant, öde.

Dabei lag es doch nahe, einen Filmstoff aus der Buchmesse zu machen. Denken Sie nur an das Personal: Eine Gruppe Menschen betritt eine Spielebene und führt zielgerichtet eine Tat aus. Und um unbeschadet auf die Ebene des normalen Lebens zurückkehren zu können, müssen sie auf der Spielebene zeitweise eine andere Identität annehmen. Das ist Ihnen zu theoretisch? Nehmen wir mal ganz praktisch den Film »Reservoir Dogs« von Tarantino. Kennen Sie, nicht wahr?

Da treffen sich »Wilde Hunde«, die gemeinsam ein Verbrechen begehen. Um sie zusammenzuhalten und allen die sichere Rückkehr zu garantieren, bekommen sie die gleichen Namen, die so gleich nicht sind. Die Idee mit den Farbnamen geht schon zurück auf den Gangsterfilm mit der U-Bahn-Entführung, »Pelham 123« oder so. »Mr. Orange« und »Mr. Brown«. »Mr. Pink« will nicht »Mr. Pink« sein. Die Identitätsfindung als Gangster ist auch nicht leicht. Die fiktiven Figuren meutern sozusagen gegen den Autor. Das entwickelt eine ganz eigene komische Metaebene des Spiels.

Wie? Was? Was das noch mit der Buchmesse und der ersten Million zu tun hat? Ja, ich schweife ab. Aber das ist das Privileg alter Männer. Versprochen: Ich krieg schon die Kurve …

Nehmen wir »La casa de papel«. Die Namen der Protagonisten sind genial. Die Räuber bekommen in der Serie »Haus des Geldes« alle Städtenamen: »Tokio« oder »Rio«. »Stockholm« wird nach dem Stockholm-Syndrom benannt und ihr Kind als tarantineske Anspielung auf die Filmgeschichte zu »Cincinnati«-Kid. Jeder nimmt die Rolle seiner Stadt mit ihrer Bedeutung an: Der arrogante nordisch schwule Leader heißt »Berlin«, die gegen ihn rebellierende, südländisch feministische Kämpferin »Nairobi« – sie sagt übrigens einen meiner Lieblingssätze der Filmgeschichte: »Damit fängt das Matriarchat an!«. »Nairobi« als moderne Ma Baker. Die Mutter aller Gangster. Was nicht lange gutgehen kann. Aber ich will mich nicht verfransen …

Jedenfalls kam ich sofort auf die Idee, meine Helden nach Schriftstellern zu benennen. Das liegt ja auf der Hand. Wegen der Buchmesse. Namen sind eben nicht Schall und Rauch. Denken Sie nur an die Namensschilder auf der Messe. Wer wichtig ist, trägt eines. Aber niemand merkt sich im Gespräch den Namen des Gegenübers, jeder vergisst ihn sofort wieder, sodass alle immer auf den Schriftzug linsen, der nie richtig zu lesen ist.

Wie bei Tarantino mussten sich die Banditen in meiner Geschichte akribisch an die Namensgebung halten. Wissen Sie, die eigentliche Handlung mit dem Überfall auf den prall gefüllten Tresor der Buchmessenkasse war letztlich zusammengefantert. Das gibt es in Wahrheit gar nicht. Aber das war auch nicht so wichtig. Genauso wie das ganze Geballere und die Action. Zum Ausgleich der Spannung sollte das komische Element von den Charakteren kommen, die zur Tarnung die Identitäten vergeistigter Schriftsteller annahmen und auch wie sie agierten. Dann konnte man all die Anekdoten und Beobachtungen von den unzähligen Buchmessen, die man besucht hatte, in die Figuren und ihre Beziehungen einfließen lassen.

»Peter Handke« als Gangsterboss. Das führt dann zu denkwürdigen Dialogen. Zum Beispiel, wenn die Geiseln vor dem Tresorraum stehen, der Alarm ausgelöst wird und »Elfriede Jelinek« den Anführer der Bande auffordert, loszuschlagen: »Wir sind umzingelt. Hast du die Eier, eine Geisel abzuknallen, Peter Handke?« Und »Peter Handke« einen Moment lang an sich zweifelt, dann aber die Lage beruhigt: »Halt die Klappe, Elfriede Jelinek!«

Ich glaube, wegen diesen Dialogen wurde der Film ein solcher Erfolg. Und wegen Szenen wie der, als »Elfriede Jelinek« später »Peter Handke« erschießt und die Führung an sich reißt. Noch viel besser ist, wenn »Elfriede Jelinek« plötzlich der echten Elfriede Jelinek am Verlagsstand gegenübersteht: »Jelinek, Elfriede Jelinek«, stellt die Falsche sich vor. »Ach, ich dachte, das wäre ich«, antwortet die Echte.

Das war ein Riesencoup, dass die Literaturnobelpreisträgerin in unserem Film mitgespielt hat. Es hat ihr wohl gefallen, das Spiegelbild einer mordlüsternen Heroine oder blutrünstigen Killerin zu geben. Ich hatte sie nur zum Spaß angeschrieben, aber sie war sofort Feuer und Flamme und sagte zu. Sonst ist sie ja nie zur Buchmesse gekommen. Das war ihr zu langweilig. Und jetzt wurde sie plötzlich Filmstar.

So machte ich meine erste Million. Und so irre war damals die Buchmesse.

# Die Familienjuwelen des Präsidenten

Die Sonne erhob sich langsam aus ihrem Bett und erwärmte das kleine Städtchen Ferndale. Ruhig und grün lag es da im »Evergreen State« Washington hoch oben im Nordwesten. Ein junges Reh hatte sich neugierig in den Vorgarten von Ellen und Lloyd Greer verirrt und horchte mit rotierenden Ohren den Deer Creek Drive entlang. Aus der Ferne drang der Lärm des Highways durch die Stille, und allmählich näherte sich ein schrappendes Motorengeräusch: ein Hubschrauber.

Es dauerte noch etwas, bis die Kolonne schwarzer Limousinen eintreffen würde, die sich jetzt mit heulenden Sirenen ankündigte. Das Reh sprang davon und tauchte in den nahen Waldrand ein. Verschlafen blickten Ellen und Lloyd Greer in ihren Morgenmänteln, die Kaffeebecher in den Händen, die schmale Straße hinab. Es sollte etwas auf sie zukommen, das sie bis zum Abend in sämtliche Nachrichtensendungen der Welt von Paris bis Tokio katapultieren würde.

Seit Wochen rätselten die politischen Beobachter, wie die »October Surprise« aussehen könnte, mit der Donald Trump die Wahl im November 2020 noch drehen wollte. Traditionell ereignete sich im Wahlkampf immer eine späte Überraschung, die alle Umfragewerte verkehren konnte. Vor der Wahl 2016 hatten Hillary Clinton die plötzlichen Ermittlungen des FBI wegen einer angeblichen Mail-Affäre politisch das Genick gebrochen.

Trump lag bei den Umfragen schon seit Monaten hinter seinem demokratischen Widersacher Joe Biden zurück, der sich vornehm aus dem Schlamassel heraushielt: Die Corona-Epidemie mit ihren Millionen Infizierten und mehr als hunderttausend Toten, die am Boden liegende Wirtschaft und die landesweiten Unruhen nach der wieder einmal sichtbar gewordenen Polizeigewalt hielten die Nation in Atem. Und der Präsident tat nichts, Trump wirkte überfordert, während Biden die Wahl freudig auf sich zukommen lassen konnte – wäre da nicht die Oktober-Überraschung, die alles durcheinanderwirbeln würde. Die letzte Chance für den vermeintlichen Verlierer.

Was würde es diesmal sein? Gespannt warteten die Journalisten und Spin Doctors auf das Kaninchen und den Hut, aus dem es gezogen werden würde. Und darauf, welcher Trumpologe als Erster Farbe, Größe und Gewicht richtig einschätzte. Wie gewohnt preschte die *New York Times* vor und berichtete, dass die verdächtigen Explosionen in Industriekomplexen Teherans auf einen unerklärten Krieg gegen den Iran hinweise, der mit Hilfe Israels im Oktober offen ausbrechen würde, damit sich die Nation hinter dem Kriegspräsidenten scharte. Aber der Hut des Zauberers war alt und glanzlos geworden. Ein Feldzug im unübersichtlichen Mittleren Osten war nichts für Trump, der ja nicht einmal zu Hause einen Krieg gegen einen kleinen Virus führen wollte.

Die *Washington Post* glaubte, die wahre Überraschung zu kennen: Einen Monat vor der Wahl würde Trump einen Impfstoff gegen Corona präsentieren und sich zum Sieger gegen den heimtückischen Feind erklären: »Mission accomplished«. Die Inszenierung sei bereits geplant, inklusive des Feuerwerks im Garten des Weißen Hauses und der Worte, die der Meister der Selbstbemogelung dem besiegten Erreger entgegenschleudern wollte: »You're fired!« Aber 2020 war nicht mehr 2016. Keine Zeit für Shows. Der Zauberer war erschöpft, das Orange seines einst glänzenden Kostüms war blass wie die verschrumpelte Schale einer Apfelsine, die zu lange in der Sonne gelegen hatte.

Nein, alle Auguren irrten sich, auch weil selbst im engsten Umfeld des Präsidenten niemand ahnte, welche geniale Wunderwaffe Trump noch in den Tiefen seiner undurchsichtigen

Hirnwindungen bereithielt. Verzweiflung machte sich in den Büros der Hauptstadt breit. Endzeitstimmung kam auf. Keine vier Jahre mehr. Donald Trumps Zeit war wohl endgültig abgelaufen.

Im beschaulichen Ferndale standen Ellen und Lloyd Greer immer noch am Fenster, die Augen weit aufgerissen. Ein Tross von Limousinen, Polizeiautos und Fernsehwagen hatte sich den Deer Creek Drive hochgeschlängelt und vor dem Haus der beiden eigentlich sehr zurückgezogen lebenden Rentner eine Art Heerlager errichtet. Als gute Katholikin schlug Ellen Greer ein Kreuz und schickte ein Stoßgebet gen Himmel, als die Türen von »The Beast« aufsprangen und sich der Präsident höchstpersönlich aus dem Cadillac One herausschälte. Ein Raunen ging durch die Menge der Schaulustigen, und selbst die sonst unerschütterlichen Leibwächter zuckten zusammen. Trump war vollkommen nackt!

Mit entschlossenen Schritten stapfte der bullige Präsident unbekleidet durch den Greer'schen Vorgarten auf die sich jetzt öffnende Haustür zu. Bleich und immer noch mit den Bechern in den Händen standen die Greers da. Der mächtigste Mann der Welt baute sich, wie Ellen Greer später zu Protokoll gab, »im vollen Ornat der Natur« vor den beiden auf. Er, sagte Lloyd Greer anschließend immer noch sichtlich irritiert in einem Interview bei *Fox News*, habe »die Familienjuwelen des Präsidenten« gar nicht wahrgenommen, so fasziniert sei er gewesen von dem gewaltigen orangefarbenen Busch, der ihm ins Auge gestochen sei und den er wohl für den Rest seines Lebens nicht vergessen werde.

»Ich trage keine Maske!«, waren die ersten Worte, die der Präsident an die Greers richtete, die von ihm ausgewählt worden waren, weil sie den absoluten Durchschnitt Amerikas repräsentierten. Er habe rein gar nichts zu verbergen, erklärte Trump der versammelten Weltpresse kämpferisch und kratzte sich versonnen die Nuggets. Wie *CNN* später recherchierte, hatte ihm eine Wahlkampfrede Joe Bidens die Idee zu seiner Nacktoffensive geliefert. Biden hatte Trump wegen seiner zurückgehaltenen Steuerunterlagen aufgefordert, die Hosen fallen zu lassen: »Drop your pants, man!«

Die amerikanischen Medien machten das »question mark in the crotch« (*Reader's Digest*), also das Fragezeichen im Schritt, sofort zum Thema Nummer eins und spekulierten heftig über die Größe, die zwischen »zero« (*New York Ledger*) und »supersized« (*Daily Planet*) schwankte. Trumps Auftritt aber, der für zwei tödliche Herzinfarkte in seinem Wahlkampfstab sorgte, brachte ihm tatsächlich noch eine zweite Amtszeit ein. Er hatte genau das erreicht, was er erreichen wollte: Seine Gegner standen als verkniffene Moralapostel da und hassten ihn nur noch mehr, während sich seine Anhänger erneut in seinen unberechenbaren Mut zum Ungewöhnlichen verliebten und hinter seinem Gemächt versammelten.

»You're welcome, Mr. President«, begrüßten die Greers, als der Schock nachließ, den hocherfreuten Nackten. Dann baten sie Donald Trump auf einen Kaffee herein. Lächelnd ließen sie die Morgenmäntel von den Schultern gleiten und schlossen die Haustür.

# Der Blink-Nazi

Ich hab immer geblinkt. Immer! Seit meiner ersten Fahrstunde. In der Prüfung hat mich der Fahrlehrer noch gelobt: Ich sei der beste Abbieger, der ihm je untergekommen sei. Blinken war mein Leben. Genau nach Gesetz und Vorschrift: »Beim Abbiegen muss durch das deutliche und mindestens dreimalige Aufleuchtenlassen des entsprechenden Fahrtrichtungsanzeigers der Richtungswechsel nach links oder rechts angekündigt werden.« Ich kann den Wortlaut noch immer im Schlaf aufsagen. Ich hab meine Autos sogar nach den Blinkern ausgesucht. Ich war der größte Blinker unter der Sonne.

Ich habe geblinkt bis zum Gehtnichtmehr. Ich freute mich auf jede Abbiegespur, auf jede Ampel. Und hab beim Blinken sogar meine Frau kennengelernt. Sie kommt von hier, ich von da, sie will links abbiegen, ich rechts, und dann kamen wir uns näher. Wie das so ist. Später hat sie mir gestanden, dass sie schon beim Blinken gemerkt hat, wie sanft ich den Fahrtrichtungsanzeiger betätige. Wo die Liebe so hinblinkt.

Ich habe das Blinken geliebt. Was für andere Regen war, der ans Fenster klopft, war für mich dieses sanfte Tik-Tik-Tik. Wenn du den Hebel berührst. Dieser Sound – sooo … der ging direkt in den Bauch. Gab immer die Richtung vor. Man fühlte sich geborgen, umsorgt, zu Hause.

Und dann kam Merkel! Am Anfang habe ich einfach weitergeblinkt. Die Osttante werden wir schon ausbremsen. Habe ich immer gesagt. Und dann habe ich gehupt, statt zu blinken. Aus Spaß. Einmal, zweimal, dreimal. Und dann wurde es immer mehr. Eigentlich immer weniger mit dem Blinken. Ich bin abgebogen und habe einfach nicht mehr geblinkt. Wegen der Krise. Und diesen Panzern.

Alles fing an mit der Finanzkrise 2008. Da war mir klar: Merkel ist schuld. An den Banken. Am Euro. An den Schulden. Den Griechen. Und an den Panzern. Also ich fahr ja schon keine kleine Kiste, aber diese SUVs – alles Banker! Hab ich gesagt. Und dann wollte ich ein Zeichen setzen. Oder vielmehr keines. Immer wenn ich einen von diesen Straßenpanzern im Rückspiegel gesehen habe, dachte ich: Wieder so ein Banker! Dem schieben wir jetzt unser sauer verdientes Geld hinten und vorne rein. Und dann kauft der sich so einen Riesenschlitten und fährt hinter mir her. Na, dem werd ich's zeigen: Und dann habe ich nicht mehr geblinkt.

Als nächstes kam die Flüchtlingskrise 2015. Merkel holt die alle in unser Land. Und die fahren hinter mir her mit ihren Turbanen und Schleiern. Und ich soll blinken? Nicht mit mir! Nicht für die! Ich bin gar nicht mehr abgebogen! Immer schön geradeaus. Aus Protest gegen Merkel. Und wenn ich mal musste, weil meine Frau sich beschwerte über die langen Umwege, dann bin um die Kurve, aber so was von schnittig, rassig, schnell! Da hab ich diesen Leuten gezeigt, was ne deutsche Harke ist. Ohne Blinker. Das kann nicht jeder.

Und dann kam Corona 2020. Da holt Merkel diesen Virus ins Land. Und wir sollen Mucksmäuschen spielen. Wozu blinken, wenn sowieso alles stillsteht. Hab ich gesagt. Braucht niemand. Und die Straßen waren eh leer. Hätte gar keiner gesehen, meine Blinker. Dabei waren die natürlich wie immer auf Hochglanz poliert. Aber wenn da so ein alter Mann im Wagen hinter mir herschlich, Typ Greis mit Hut, Hochrisikogruppe hoch zehn – da hab ich erst recht nicht geblinkt. Der ist ohnehin demnächst tot. Warum soll ich da jetzt noch blinken für den?

Obwohl – ich muss zugeben: Ich vermisse das warme Tik-Tik-Tik, Tik-Tik-Tik … aber man kann ja sonst nichts machen. Als anständiger Bürger. Ich geh doch nicht auf die Straße. Da fahr ich nur durch. Und bieg dann ab, aber nur noch unter Protest. Ohne Blinken. Und jetzt blinke ich eben für niemanden mehr – nicht für Auto- oder Radfahrer, nicht für Mütter mit Kinderwagen, nicht für spielende Kinder, Katzen und Hunde. Aus! Ende! Schicht!

Ich wollte schon eine neue Partei gründen: Nicht-Blinker gegen Merkel. Die NBGM. Wir würden 20 Prozent kriegen. Bei Wahlen. Ich bin doch nicht allein. Ich seh's überall da draußen. Da blinkt doch keine Sau mehr. Wir sind die nicht-blinkende Mehrheit. Und wenn wir gewählt werden, erst an der Macht sind, dann wird Nicht-Blinken Gesetz. Versprochen! Nicht nur in Deutschland, morgen für die ganze Welt. Wir sind zum Letzten gezwungen und darum zum Letzten entschlossen. Nur der Tod weist uns den Weg. Die Zeit des Blinkens ist endgültig vorbei!

Tja, wenn man so ins Blinken kommt … Meine Frau hat mich neulich verlassen. Hat's nicht mehr ausgehalten. Hat sie gesagt. Und die Koffer gepackt. Zurück zu Mutti. Weg war sie. Merkel aber ist noch da. Und Corona. Und die Flüchtlinge. Und die Banker. Und ich. Allein. Ohne Blinker. Dann kauf ich mir eben einen Abbiegeassistenten. Soll der doch blinken wie ne Bordelltür.

# Im Goldrausch der Coronanacht

Es ist fast schon bedauerlich: Mir sterben die Feinde weg. Am vorigen Wochenende der Fantasy-Schriftsteller Jörg Schröder. Legendär sein Satz: »Herr Ringel, Sie sind full of shit.« Nihil nisi bene, aber in mir ist zwar ein dunkler, doch letztlich zuckersüßer und wertvoller Zauberstoff, dem ich meinen prallen Panzer gegen alle Anfeindungen verdanke.

Alle Welt klagt derzeit über die Corona-Plauze, und auch ich habe im Heimtunnel, der nun schon drei Monate mein isolierter Arbeitsplatz ist, gut fünf Kilo zugelegt. Nicht wegen des Alkohols, der recht mäßig fließt; nicht wegen der mangelnden Bewegung, da ich wie so viele nach der Arbeit Rad fahre; und nicht wegen des Essens, das zwar mitunter opulent ausfällt, wenn jeden Tag gekocht wird – nein, es ist die Wundermaterie, die ich in der Coronanacht des Daseins täglich mehrmals in mich aufnehme. Die mich – das sei allen Generationen von Feinden, die ja immer wieder nachwachsen, damit es nicht langweilig wird in der Wahrheit, ins Stammbuch geschrieben –, die mich unverwundbar macht, selbst gegen ein heimtückisches Virus und seine Begleiterscheinungen.

Meine Madeleine heißt Goldsaft. Während Proust die »Suche nach der verlorenen Zeit« mit einem Biss in einen kleinen Kuchen beginnen lässt, führen mich die schwarzen, süßen Tropfen des Rübenkrauts in die tiefen, tiefen Abgründe einer niederrheinischen Kindheit zurück. Überschrieben ist dieses Kapitel voller dunker Flecken auf dem weißen Bademantel eines elfjährigen Jungen mit dem Titel: »Sapporo«.

Noch heute, wenn ich einen der leuchtend gelben Becher mit dem Bild des Rübenkrautfeldes unter dem grünen Burghügel entdecke, denke ich als erstes: »Sapporo 1972«. Ich weiß nicht, welche Verirrungen andere Elfjährige in Atem hielten, ich jedenfalls aß Grafschafter Goldsaft – klebriges Rübenkraut auf wuchtigen Weißbrotschnitten mit fingerbreitem Quark. Dabei sah ich im Fernsehen Eisschnelllauf, immer wieder Eisschnelllauf.

Im Winter 1972 fanden die Olympischen Spiele in Japan statt, und ich versuchte, hibbelig vor dem Fernsehgerät hin und her laufend, die wie mit einer Axt vom Weißbrotbaum gehauenen Riesenkillen auf einer Hand zu balancieren, bevor ich eine nach der anderen in mich hineinschaufelte, während die Kufenläufer in ihren eng anliegenden Haubenanzügen übers Eis jagten.

Rübenkraut war wie Haschisch, von dem wir vage gehört hatten, dass es süchtig machte, so süchtig, wie wir es nach Süßem waren. Goldsaft war immer auch ein Risiko. Wir nannten unsere Bademäntel Maikäfer und meinten Marienkäfer, weil sie so schön gepunktet waren vom zäh und manchmal auch absichtlich herabtropfenden Sirup. Bis die Mutter herübersah, die Augen verdrehte und aufstöhnte. Am besten isst man Rübenkraut nackt, giggelten wir Geschwister am Frühstückstisch, damit man anschließend direkt baden kann.

Diese süße Sucht machte mich regelrecht stolz auf den Grafschafter Goldsaft, war ich doch ein echter Lokalpatriot. Wenn schon dieser triste Ort Moers, in dem ich aufwuchs, sonst nichts zu bieten hatte, war da wenigstens das »Grafschafter«. Denn meine Heimatstadt war historisch eine Grafschaft gewesen, und so nannte sich zum Beispiel der Lokalteil der Zeitung: »Der Grafschafter«, bei der mein Großvater »Mitglied der Redaktion« war, wie sein Presseausweis mit dem Hakenkreuz vom 1. Juni 1934 belegt.

Lange Jahre glaubte ich, dass Grafschafter Goldsaft in unserem Städtchen produziert wurde, auch wenn ich nie eine Fabrik oder ähnliches dort bemerkt hatte. Aber jedes Kind aß Rübenkraut, und schon meine Mutter erzählte mir, dass sie in ihrer Nachkriegsjugend nichts sehnlicher erwartet hatte als das Gebimmel des Krauters, dessen Dreiradwagen einmal in der Woche in die Straße einbog. Dann schleppte eines der sechs Kinder den Rübenkrauteimer hinaus, der bis zum Rand mit Goldsaft gefüllt wurde. Deckel drauf! Das musste reichen bis zur nächsten Woche, es war das einzig Süße, was es geben würde. Eskortiert von den kleinen Goldwächtern wurde der schwere Eimer in die Küche transportiert.

Moers war ein leeres Gefäß, in das Bedeutung nur gefüllt wurde durch das Fernsehfenster, in dem sensationelle Ereignisse zu besichtigen waren. Also sah der elfjährige Junge dabei zu, wie berühmte Menschen auf Kufen übers japanische Eis schlitterten, und damit auch er etwas zur Bedeutung des Augenblicks beitragen konnte, streckte er all den wichtigen Damen und Herren da draußen begeistert seine Rübenkraut-Schnitten entgegen: Seht her, ihr habt vielleicht olympische Goldmedaillen, aber ich habe Grafschafter Goldsaft. Als plötzlich der Rübentraum zerplatzte, die Kindheit war vorbei. Ich erfuhr, dass Grafschafter Goldsaft aus einer anderen Stadt kam und aß zum Frühstück nur noch Leberwurst.

Ich war schwer beleidigt und strich morgens auf Entzug um den gelben Becher herum – angetrieben von einer pubertären Wut. Wie sollte ich künftig leben ohne die einzig gewisse Größe in meiner erbärmlichen Existenz? Wer hatte meinen Goldsaft gestohlen? Und wem hatte ich diese Täuschung und Enttäuschung zu verdanken?

Wütend war ich aber vor allem auf mich selbst, hätte ich das alles doch viel früher erfahren können. Ich hätte ja nur mal genauer hinschauen müssen: Seit wann gab es, wie auf dem Goldsaft-Becher abgebildet, Burgen und Hügel am flachen Niederrhein? Nun waren mir die Augen geöffnet worden, und ich las auf dem Becher, dass die Grafschafter Krautfabrik in Meckenheim zu Hause war.

Jetzt wollte ich erst recht alles wissen über die dunklen Seiten des Grafschafter Goldsafts. Ich war mir sicher, ich würde mit dem gleichen detektivischen Eifer an die Sache herangehen, wie ich es von den »drei Fragezeichen« kannte. Doch wenige Tage später kam mir Günter Netzer und eine Autogrammstunde, die der Spieler des Jahres in der Kreissparkasse gab, dazwischen: Ich wurde Fußballfan. Mit den Jahren verblasste dann die Erinnerung an die Rübenkrautzeit.

Bis mir mitten in der Coronazeit ein Buch aus der Grafschafter Krautfabrik wieder in die Hände fiel: »Kochen und backen mit Grafschafter«. Ein ganz rührender Band, wollen die Verfasser doch der ganzen Welt nahebringen, dass beinah jede Speise mit Rübenkraut oder einem verwandten Produkt aus dem Meckenheimer Haus verfeinert werden könne, ja müsse, egal ob es sich um »Puten-Tacos mit Rucola« oder »Gambas mit Korianderblättern« handelt. Selbst Cocktails wie »Planter's Plunch« sollen mit dem Nebenprodukt »Apfelkraut« veredelt werden. Was schmeckt, wie es klingt – plantsch!

Ganz nebenbei jedoch präsentiert das Kochbuch jene so lang vermissten Erklärungen: Die Geheimnisse des Grafschafter Goldsaftes werden hier endlich gelüftet. So entstand die Zuckerrübenfabrikation in Meckenheim schon im Jahr 1904. Der Rübenbauer und Ziegeleibesitzer Josef Schmitz begann mit der Rübensirupproduktion nebenher. Zunächst wurde das Rübenkraut nur in die nähere Umgebung verkauft. Unter der Führung seines Sohnes Albert expandierte der Betrieb ab 1920. Nach dem Zweiten Weltkrieg kam der populäre gelbe Becher auf den Markt. Dem Buch zufolge arbeiten über 100 Mitarbeiter in dem mittlerweile 127 Jahre alten Familienbetrieb.

Nicht nur die Firmengeschichte, sondern auch die Produktionsweise wird detailliert beschrieben: Für die Herstellung des Zuckerrübensirups wird ausschließlich der Rübenkörper verwendet; er erhält die entscheidenden Bestandteile, vor allem Zucker. Die wichtigste in der Rübe enthaltene Zuckerart ist die Saccharose. Wie die Krautfabrikanten immer wieder betonen, ist der Rübensirup allerdings kein Vor- oder Nachprodukt des weißen Haushaltszuckers. Bei der Zuckerrübenproduktion würden *alle* Inhaltsstoffe der Rübe verwertet, deshalb sei der Rübensirup ein reines Naturprodukt. Von dem während der Erntezeit in Meckenheim rund 60.000 Tonnen Rüben verarbeitet werden, aus denen man etwa 15.000 Tonnen Sirup herstellt. Insgesamt werden 20.000 Tonnen Brotaufstriche und 15.000 Tonnen Industriesirupe als Grundstoffe von Likören, Eiscremes, aber auch Hustensäften produziert.

Und wie es mit allen Mysterien ist, die schließlich aufgeklärt werden, verliert auch der Grafschafter Goldsaft mit diesen nüchternen Daten viel von seinem Reiz. Der sich nur über den Geschmack wieder hereinholen lässt. Deshalb sollte man durchaus versuchen, die Rezepte aus dem Grafschafter Kochbuch nachzukochen. Ein Gericht passt hier besonders: der »Rheinische Sauerbraten«.

Der Bratensauce werden nach dem Passieren drei Esslöffel Goldsaft untergerührt. Gegen die kindliche Rübensüße muss die fein-saure und erwachsene Marinade mächtig ankämpfen. Es ist das »Himmel und Hölle«-Prinzip der rheinischen Küche, das den Charakter der Rheinländer widerspiegelt: in der einen Minute himmelhoch jauchzend, in der nächsten zu Tode betrübt.

Um endgültig im Himmel zu landen, empfiehlt sich als Dessert ein schlichter Pfannkuchen aus Mehl, Eiern und Milch, dem mit Rübenkraut, Apfel- oder Pflaumenmus und – jetzt ist sowieso schon alles egal – Cointreau oder Amaretto gar nicht leichte

Geschmackspakete aufgeschultert werden. Nach der Kalorienhölle frage jetzt bitte keiner. Besonders in diesen dunklen Coronazeiten.

Eines aber sollte man beachten: Beim Verzehr keine Ausgehgarderobe! Wobei ausgehen momentan sowieso fast unmöglich ist. Der gute alte Grafschafter Goldsaft wird stilecht nur im Bademantel zu sich genommen.

# Boxendes Braunturm

Nazis und andere braune Gesellen sind schon ein merkwürdiges Völkchen. Ganz wichtig für sie ist ihr Grußverhalten. Daran erkennen sie sich gegenseitig in der Öffentlichkeit. Schamlos bekennen sie sich deutlich sichtbar so zu ihrer Gesinnung. Dabei erheben sie den rechten Arm zum sogenannten Hitler-Gruß, der eigentlich auf die dicke italienische Flachpfeife Mussolini zurückgeht, der sein hohes Patschhändchen dem *saluto romano* entlehnt haben will, dem Ave-Gruß der Römer. Jetzt allerdings hat der Himmler-Imitator Andreas Kalbitz, seines Zeichens Führer des rechten Flügels der Partei Abschaum für Deutschland, eine ganz neue rechte Begrüßung eingeführt, die unter dem Namen »Kalbitz-Gruß« in die schmutzige Geschichte des deutschen Brauntums eingehen wird. Bei der Begrüßung eines Parteikollegen in Potsdam boxte er kürzlich dem Mann derart hart in den Leib, dass dem die Milz riss. Nun ist der neue Kalbitz-Gruß nicht wegen der körperlichen Folgen höchst umstritten unter den Rechten, sondern weil sich dessen Erfinder offenbar mit seiner Geste über den Hitler-Gruß erheben will. Das aber wird im braunen Milieu strikt abgelehnt. Der Hitler-Gruß ist und bleibt die anerkannte und reguläre Begrüßungsgeste des Abschaums für Deutschland.

# Archipel Gulasch

Als erstes traf es die prominenten Vollveganer. Die mit Samuraischwert und Mikrofon für die gute Sache gekämpft hatten. Schon die Verhaftung sollte im ausgeklügelten System der Erniedrigungen eine einschneidende Erfahrung bieten, das Regime liebte grausame Scherze: So wurde der bekannte Youtuber Ken Jebsen in eine Ente gezerrt; den allseits verehrten Koch Attila Hildmann zogen die Häscher in einen VW Käfer; am schlimmsten aber traf es den berühmten Sänger Xavier Naidoo, der mit einem Ford Mustang rasend schnell weggefahren wurde. Um ihn herum saßen die schweigenden Schergen in ihrem tierischen Fahrzeug und kauten genüsslich an Currywürsten! Mit Darm! Zum Frühstück! Ein wurstiger Wink, was auf die bedauernswerten Opfer des zu jeder Art von Demütigung bereiten Regimes noch zukommen würde.

Seit einigen Jahren bereits hatte die illegitime Regierung an ihren perfiden Plänen gefeilt. Die abgelegene Insel Helgoland würde zum Archipel Gulasch werden, zum Bagno der Veganer. Wie ein Geschenk des Himmels kam daher für das Regime die dankbar aufgenommene vage Bedrohung durch Corona. Als die bekennenden Veganer gegen die Bedrückungen der Tyrannei protestierten, wurden sie mundtot gemacht und weggebracht – zunächst in den Sammelhafen von Cuxhaven, wo sie die Wiederauflage der legendären Butterfahrten erlebten, und zwar wortwörtlich: Während der Überfahrt nach Helgoland erhielten die Hungrigen an Bord mit Butter fingerbreit beschmierte Bemmen, aus denen bei jedem Bissen links und rechts frisch gepulte Krabben in einer eidick triefenden Remoulade hervorquollen, so dass die bedauernswerten Tierfreunde abgrundtief beschämt sein mussten, wenn ihnen angesichts der schmatzenden Kost unwillkürlich das Wasser im Munde zusammenlief.

Nach der Ankunft im James-Krüss-Hafen von Helgoland wurden die »Gäste«, wie die Neuankömmlinge von nun an nur noch höhnisch genannt wurden, auf die Zellentrakte verteilt. Die erwiesen sich allerdings als großzügig geschnittene Gourmettempel, die nur einer arglistigen Ideologie dienten: Gehirnwäsche! In den nächsten Wochen würde den Eingekerkerten mit einem einseitigen Fleischspeiseplan fast ausschließlich Tierisches eingelöffelt. Besonders gemein war dabei, dass für den kleinen Hunger zwischendurch überall Schälchen mit verführerischen Schweineschwartenchips standen, die neben den drei Mahlzeiten am Tag eine speckfette Überversorgung der Verbannten sicherten.

Mittags wurden den tapferen Heroen die Instrumente gezeigt. Bei der modernen Folter brauchte es zur Wahrheitsfindung keine mittelalterlich pittoresken Mittel wie den Schwedentrunk oder die Darmhaspel. Stattdessen reichten die brutalen Foltermeister ihren »Gästen« ein üppiges Fünf-Gänge-Menü, das Weine wie das Erlauer Stierblut oder der Kreuznacher Krötenpfuhl gluckernd begleiteten.

Die tägliche Marter bestand zum Beispiel aus Pâté de foie gras als Vorspeise, geräuchertem Aal mit Blutwurst als Zwischenmahlzeit, Irish Stew als Hauptgang und einem Sahnewindbeutel gefüllt mit Stilton Cheese als Abschluss der grausamen Genussreise durch die unterentwickelten Sinne. Wer danach nicht geplatzt war, gestand einfach alles. Dabei war auf der Speisekarte des Grauens das abendliche Rindergulasch noch nicht einmal verzeichnet. Die nächtlichen Fleischfürze in den Zellen kochten jeden Veganer endgültig weich.

Für schwierige Fälle wie Xavier Naidoo war der Weg bis zur verlangten Läuterung kein leichter. Um einen hochgebildeten

Missionar wie den Sohn Mannheims zu brechen, musste eine außerordentlich unbarmherzige Methode angewendet werden – die »Helgoländer Lösung«. Naidoo sollte endlich wieder lernen, dick, gemütlich und müde zu werden, statt immer zwanghaft wach und fit zu sein, stets auf dem Sprung, die Weltverschwörung zu entlarven.

Den Knechten des Regimes war klar, Naidoo ließ sich nur mit körperlicher Fleischeslust brechen, die sich der heldenhafte Kostverächter seit Jahren versagte, um lieber mutig unter Tränen von globalen Geheimbünden zu singen. Jetzt sollten ihn im Sexualspiel bewanderte Damen willenlos machen, auch wenn sein Widerstand gegen den Umerziehungsunterricht erheblich war. Er wollte partout nicht vögeln oder mauseln, da den Tieren auf diese Weise unendliches Leid widerfahren würde, wie er tränenreich beteuerte. Selbst ein Ausbruchsversuch, bei dem Naidoo nachts heimlich in den Gemüsegarten flüchtete, um rohe Zwiebeln zu vertilgen, damit ihm und seinem teuflischen Atem niemand mehr nahekäme, konnte nicht verhindern, dass er sich schließlich auf- und in sein Schicksal ergab.

Eines Tages aber würde es so weit sein. Trotz der barbarischen Methoden des Regimes würden die geläuterten Helden ihrer Entlassung entgegensehen. Die Tore des Umerziehungslagers Helgoland würden sich auch für Jebsen, Hildmann und Naidoo öffnen. Ken Jebsen hätte derweil einen alten Traum verwirklicht und in der Haft ein Buch geschrieben: »Mein Kampf mit den Pfunden«. Attila Hildmann wären die verkümmerten hunnischen Geschmacksknospen aufgeblüht. Und Xavier Naidoo würde endlich wieder singen – so viel wertvolles Volksliedgut wartete auf ihn: »Schwarz-braun ist die Haselnuss …«

Innerlich nie gebrochen, würden sich alle drei nur zum Schein resozialisiert geben und, wie gefordert, als integraler Bestandteil des gesellschaftlichen Metteinanders auftreten, während sie in Wahrheit insgeheim planten, den Untergrundkampf gestählt wieder aufzunehmen. Und so hätte sich durch die eiweißreiche Verpflegung im Guantanamo der Rohköstler doch noch eine bis dahin unbekannte, geheimnisvolle Macht auf die Matadore des Veganismus übertragen: die Kraft der Tiere. Die einstigen Kämpen gegen das rohe Fleisch hätten sich verändert, plötzlich würden sie die mythische Stärke des Fleisches über alles lieben. Damit hätte das Umerziehungslager Helgoland am Ende seinen düsteren Zweck gründlich erfüllt.

# In der Halbwelt der Halunken

Eines der ersten Bücher, die ich verschlang, handelte von Vasco da Gama, jenem portugiesischen Entdecker, der den Seeweg nach Indien rund um Afrika fand. In der naiven Heldendarstellung gab es noch keine Fragen nach Kolonialismus oder Unterdrückung fremder Völker, die infantile Lektüre bot nur Platz für Abenteuer und Exotik. Vermutlich deshalb aber sind die kindlichen Traumgebilde Portugal und Indien immer noch die beiden Länder, die ich tatsächlich am meisten in meinem Leben bereist habe. Und da Vasco da Gama gleich zwei Gräber auf Erden hat, habe ich auch beide besucht, das eine in Belém, Portugal, und das andere in Kochi, Indien.

Kochi liegt im südwestlichen Bundesstaat Kerala, im Florida Indiens, und der alte Gewürzhafen dort ist der größte Umschlagplatz der Welt für Masala – Gewürzmischungen, die bei uns Curry genannt werden. Vor allem aber ist Kochi die Stadt des Pfeffers. Daher stammt unsere Redewendung »Jemanden dorthin schicken, wo der Pfeffer wächst«.

Und selbstverständlich ist Kochi eine Stadt der Moderne, die sich am liebsten wie ganz Indien schlagartig in die Zukunft katapultieren würde, gäbe es nicht die straffen Zugseile der konservativen Tradition. Wer sich einen Begriff vom indischen Widerspruch zwischen Vergangenheit und Zukunft machen möchte, sollte Kochis riesige Shopping-Mall »Lulu« an einem Samstag besuchen, wenn rund eine Million Inder aus dem ländlichen Hinterland Keralas Konsumprodukte aus aller Welt bestaunen. Dafür hat Elias Canetti einst den Begriff »Masse und Macht« erfunden.

Der abseitigste Ort Kochis allerdings ist das örtliche Polizeimuseum. Es findet sich in der Altstadt auf der Halbinsel Fort Kochi. Während die älteste Synagoge Indiens in Mattancherry Jew Town von vielen Touristen besucht wird, verirrt sich in die nicht weit entfernte Sammlung der Ordnungshüter kaum jemand. Dafür benötigt es schon einen kräftigen Regen im Monsun, der nach einem Schutzdach verlangt, während die Temperaturen kurzzeitig von extrem schwülen 34 Grad auf milde 32 Grad sinken. Da liegt der Gedanke nahe, den ausgestellten Objekten rund ums indische Sicherheitswesen einen Besuch abzustatten, auch wenn die beiden goldenen Kanonen vor dem Tor nicht gerade vertrauenserweckend wirken.

Sichtlich gestört zuckt der äußerst korrekt uniformierte Torwächter zusammen, auf dem kleinen Fernsehschirm an der Wand läuft offenbar seine Lieblings-Soap. Was hat der Policeofficer nur angestellt, dass er auf diesen entlegenen Posten am Ende der bekannten Welt strafversetzt wurde? Oder ist er der Schwager des Polizeichefs, der hier seiner Rente entgegendämmert? Der Eintrittspreis jedenfalls ist lächerlich gering, aufwendig gestaltet sich jedoch die Suche nach Eintrittskarten. Besucher hatte das Museum schon länger nicht mehr. Aber es soll schließlich alles korrekt sein.

Das, wie es offiziell heißt, »International Tourism Police Station and Police Museum« hat schon bessere Tage gesehen, als die Khaki-Uniformen noch frisch und die Übeltäter an ihrer zerschlissenen Sträflingskleidung zu erkennen waren. Dennoch ist alles sauber und akkurat hergerichtet, vermutlich führt im Hintergrund die Frau des Torwächters das Familienputz-Business. Der Wandel der Uniformen von der Kolonialzeit bis zur Gegenwart ist ausführlich dokumentiert, besichtigt werden können Rangabzeichen und Schulterstücke, Säbel und Pistolen, Ferngläser und Handgranaten. Was man so braucht, um die Halbwelt der Halunken im Griff zu behalten.

Entgegen manch reißerischer Schlagzeile in westlichen Medien weist die Kriminalitätsstatistik in Indien trotz der schieren Masse an Bevölkerung verblüffend geringe Zahlen auf. Das liegt allerdings auch daran, dass viele juristische Probleme nicht in der Öffentlichkeit, sondern im Hintergrund geklärt werden. Und daran, dass die indische Justiz eines der zähesten Mahlwerke des Universums besitzt. Prozesse dauern oft so lange, dass man bei der Urteilsfindung manchmal vergessen hat, was eigentlich für eine Straftat begangen wurde. Ansonsten hat Indien seine schlagzeilenträchtigen Banden und Coups, Gangster und Gurus, die einiges miteinander zu tun haben. Wer mehr darüber wissen will, sollte Vikram Chandras modernen Klassiker der Kriminalliteratur »Der Pate von Bombay« lesen, der von Netflix als Serie halbgut verfilmt wurde.

Herzstück der Sammlung im Polizeimuseum von Kochi ist eine kleine gruselige Kammer, in der Delikte am Menschen vorgeführt werden – zum Beispiel an mehreren armlosen Torsi, denen kunstvoll Schuss- und Stichwunden zugefügt wurden. Offensichtlich ehemalige Lehrobjekte aus der Polizeischule, die beweisen sollen, dass die indische Kriminalistik auf Weltniveau arbeitet.

Angesichts kunstvoll durchgeschnittener Kehlen kann einem bei gefühlt 50 Grad Celsius in der heißen Mordkammer allerdings heftig der Schweiß ausbrechen. Oder liegt es an den nicht mehr funktionstüchtigen Ventilatoren, die zuletzt vielleicht in der Zeit der Briten ein Lüftchen bewegten? Wenigstens bleibt der kalte Schauder, wenn detailliert Tötungswerkzeuge und -arten vorgestellt werden.

Draußen beendet der pünktlich jeden Tag zur selben Zeit niedergehende Monsunregen seine Sturzbäche, und drinnen scheint einem der Geruch von Blut in die Nase zu steigen. Die Schaubilder werden immer drastischer, das Horrorkabinett bietet ungefiltert den ganzen Schrecken, zu dem Menschen fähig sind.

Zum Glück gibt es die zunächst Lunghi tragenden und später kurzbehosten Khakiträger, deren Heldentaten in aller Ausführlichkeit nacherzählt werden.

Wie beispielsweise die Geschichte des gefährlichen Schurken H., der bei seinen Missetaten gestellt und in Gewahrsam genommen wurde, weshalb die Welt seither eine bessere ist – Vishnu sei Dank. Oder war es der Gott Varuna, der für Recht und Ordnung steht? Bei den vielen hinduistischen Göttern, die für alles mögliche zuständig sind, kann man schon mal durcheinanderkommen. Außerdem sind indische Polizisten meist keine Hindus, sondern Sikhs, und die verehren ein höheres Wesen ohne Gestalt, das weder Männlein noch Weiblein ist.

Mit einem tiefen Dank an und einem hohen Trinkgeld für den Torwächter verlasse ich schweißgebadet das gastliche Museum, das einen prägenden Eindruck bei mir hinterlassen hat und ganz sicher nicht auf den Müll der Geschichte gehört. Vielmehr hat der Kriminalist in mir jede Menge über aufgesetzte Schüsse und Streupulverisierung gelernt. Damit ich beim nächsten »Tatort« den internationalen Fachmann geben kann.

# Die InfluInflu

Lilly Dee schnieft und hustet elendig in die Kamera hinein. Ihre sonst vom Rouge stets leuchtenden Wangen schimmern nur noch fahlgelb wie altersschwache Straßenlaternen im Winternebel. »Hallo Leute, ich bin heute hotsane, ich hab's jetzt auch, ich muss ins Bett, see you«, verabschiedet sich die Influencerin fiebrig von ihren Abonnenten auf Youtube. Der Bildschirm wird schwarz. Lilly Dee ist krank. Sie hat das Virus. Das Ding, das jetzt alle haben.

Preist die strohblonde Influencerin aus Nürnberg sonst bei ihren Kosmetik-Tutorials Glitzerlippenstifte und Augenbrauen verlängernde Mittelchen an, hat es sie nun wie viele Stars der sozialen Medien erwischt. Sie hat die »InfluInflu«, wie die neue ansteckende Krankheit im Netz kurz genannt wird. Bedroht ist eine ganze Generation strahlender junger Beeinflusser.

Erst vor wenigen Tagen ist der Erreger in einer chinesischen Hacker-Bude entstanden – zwischen Chipstüten, Bierdosen und überquellenden Aschenbechern. Von der Millionenmetropole Wuhan breitete er sich wie alle Viren über Hongkong und Singapur in die ganze Welt aus. Ersten Schätzungen zufolge sollen bereits 1.200 Influencer erkrankt sein, einige schwer, manche mussten ihre Kanäle sogar für immer schließen.

»Flu en za influes«, schlagzeilte das britische Boulevardblatt *The Sun* diese Woche mit einem seiner kaum übersetzbaren Wortspiele. Aber von der fiebrigen Mediengrippe sind nicht nur Influencer betroffen, die fiese Seuche hat inzwischen viele Netzgemeinden in Mitleidenschaft gezogen. Kinder und Jugendliche sind schwer verstört, können sie doch derzeit nicht wie gewohnt vor Schulbeginn die neuesten Wimperntuschen-News beziehen.

Hierzulande hat Cathy Hummels erste Konsequenzen gezogen. Bekannt für ihre Schleichwerbung, will die deutsche Star-Bloggerin jetzt nur noch Schleichsex. Auch aus Verantwortung für den deutschen Fußball, wie die Spielerfrau sagt. Cathy Hummels wird in nächster Zeit auf den abendlichen Bildschirmkontakt mit ihrem Mann Mats Hummels verzichten. »Es muss auch mal richtig gehen, mit Haut und so, ganz anders«, erklärt die hippe Fashion-Lady, die seit Jahren mit ihrem Mann intim nur noch hopplahopp per Tiktok verkehrt. In diesen gefährlichen Zeiten will sie die Abwehr ihres Gatten, des Dortmunder Abwehrchefs, nicht zusätzlich schwächen und ihn mit der geheimnisvollen Netzseuche anstecken. »Ich habe da auch eine Vorbildfunktion. Und der BVB soll dieses Jahr Meister werden. Echt jetzt!«

Professor Christian Mallinckrodt vom Deutschen Institut für Tropenmedizin in Hamburg warnt: Das Gefährliche an dem Influencer-Virus sei, dass erstmals ein Erreger vom Bildschirm auf den Menschen übergesprungen ist. »Mensch und Monitor sind 24 Stunden am Tag, sieben Tage die Woche verschmolzen. Da hat es ein Virus leicht, die Grenze zwischen Maschine und Körper zu überwinden«, erklärt der Seuchenmediziner. Und wieso sind nur Influencer betroffen? »Momentan jedenfalls«, schränkt Mallinckrodt ein. »Offenbar evoziert eine schulische Fehlbildung, die nur auf ästhetische Wahrnehmungsprozesse setzt, die Mutation des Virus im medialen Wirkrahmen.« Die Folgen seien noch gar nicht absehbar.

Eine Folge zeigt sich bereits in den USA. Dort ist das mächtige Imperium der Kardashians zusammengebrochen, nachdem sich die gesamte Familie per Bildschirm gegenseitig angesteckt hatte. Doch dann rettete Rapper Kanye West nach eigener Aussage seinen Milliardärs-Clan, indem er ein heilendes Lied ins

Netz einspeiste, eine Coverversion des alten Marvin-Gaye-Hits »Sexual Healing«. Und seine Frau Kim wäre keine Kardashian, wenn sie nicht als Influencerin Nummer eins in der Welt sofort ein lukratives Geschäft aus der InfluInflu und dem Gegenmittel gemacht hätte. »Sexual Healing« gibt es ab sofort als Lippenstift für nur 69,99 Dollar in ihrem Versand.

Trotz dieser ersten Gegenmaßnahmen beantragte die Weltgesundheitsorganisation WHO am Mittwoch beim UNO-Sicherheitsrat die sofortige Schließung von Youtube. Nicht jeder Influencer könne sich das Heilmittel leisten, und eine ausreichende Produktion des Lippenstiftserums sei momentan nicht gewährleistet. Um die Seuche einzudämmen und eine Pandemie zu verhindern, sollten Menschen und Maschinen vorläufig entkoppelt werden. »Viel frische Luft, Waldspaziergänge und nur Tweets von Trump«, empfahl daraufhin Donald Trump in den Fox News und rief dazu auf, bei der nächsten Wahl für ihn als amerikanischen Präsidenten zu stimmen: »Trump hilft immer und bei allem!«

Gewohnt spät reagierte die deutsche Bundesregierung auf die drohende Gefahr. Wie Regierungssprecher Steffen Seibert in der Bundespressekonferenz mitteilte, sieht das Kanzleramt vorerst keinerlei Handlungsbedarf, weil das Netz in Deutschland sowieso so schlecht sei, dass eine Ausbreitung des Virus äußerst unwahrscheinlich ist. Die Bundeskanzlerin werde auch weiterhin ihre persönliche Video-Kolumne auf Youtube betreiben, allerdings plane Angela Merkel, als Vertretung prominenter Influencer einzuspringen und neben den klassischen Politikfeldern zusätzlich typische Mädchenthemen wie Make-up-Tipps, Schulhofklatsch oder Sexualaufklärung in ihrem Blog zu behandeln.

Umgehend griff der CDU-Zerstörer Rezo die Kanzlerin scharf an, die »nur nach ihrem ewigen Mumien-Motto« handle: Bewege dich nicht, und alles erledigt sich von selbst. Deutschland bezeichnete der sichtlich von der Viruserkrankung gezeichnete Politikexperte Rezo als das »Nordkorea des Netzes«, was die Ministerin Doro Bär entschieden zurückwies: Deutschland sei im Gegenteil das »Südkorea des Netzes« – und diese von ihr als Digitalisierungsbeauftragte der Bundesregierung persönlich nachts im Bett ausgedachte humorvolle Replik sei die einzig mögliche Antwort auf Vorwürfe eines Influencers, der sich nur angesteckt habe, weil er nicht wie sie ein bayerisches Dirndl trüge, das praktisch »wie eine Rüstung gegen jede Art von Virus« diene, so die Ministerin Bär.

Am Donnerstag schließlich versuchte sich Angela Merkel erstmals als Influencerin und richtete sich per Video an die »junge Netzgemeinde«. Die Kanzlerin erzählte »eine krasse Geschichte« aus ihrer Jugend: »Als ich siebzehn war, fragte mich meine Mutter eines Tages, ob ich schon einmal mit einem Mann geschlafen hätte. Ui, eine sehr offene Frage, dachte ich, aber ich wollte ebenso offen antworten: ›Ja‹, sagte ich. ›Und hat es dir Spaß gemacht?‹, bohrte meine Mutter nach. ›Ja‹, bestätigte ich. ›Das musst du von deinem Vater haben‹, meinte meine Mutter.«

Gegen solch eiserne Mecklenburger Robustheit kommt nicht einmal ein chinesisches Virus an.

# Make Greta Garbo Again

Von Jane Bulbin

*Jane Bulbin, Jahrgang 1935, lebt seit mehr als sechzig Jahren in San Francisco. Seit ihrem Debütroman »Butterface« (1958) und der Novelle »Nicky Beats« (1961) gilt sie als »die literarische Stimme der weiblichen Beatniks« (»Washington Post«). Ihr rhythmischer, mit schnoddrigen Sprachspielen durchsetzter Stil hat viele Schriftstellerinnen inspiriert. Obwohl sie seit Jahren nur noch selten Erzählungen oder Essays veröffentlicht, wird die 84-Jährige von allen Lesergenerationen als »die große, schmutzige alte Dame der amerikanischen Literatur« (»Rolling Stone«) verehrt. Jetzt hat sich Jane Bulbin erstmals nach langer Zeit wieder zu Wort gemeldet und sich im »New Yorker« zu der sechzehnjährigen Klimaaktivistin Greta Thunberg geäußert. Die Wahrheit dokumentiert den furiosen Artikel in einer leicht gekürzten Fassung.*

Hella, what the fuck is this? Zur Hölle, was ist das? Seit einer halben Ewigkeit lebe ich hier. Aber das ist neu in »The City«, wie wir Bewohner der Nebelbucht die Stadt nennen. Gerade laufe ich durch die sonnigen Straßen von San Francisco. Auf meinem nachmittäglichen Spaziergang zum Vesuvio in der Columbus Ave. Als ich an der Ecke Post und Mason plötzlich sie sehe: beim heiligen Jesus-Che-Bobby-Sands-Bob-Marley-Elvis-Malcom-X! Yee, das ist diese Greta!

Fast habe ich vergessen, wo ich herkomme. Aus einem kalifornischen Wüstennest im Nichts. Heimat der Coyoten. Tecopa. Bei den Shoshones. Wegen Jack, diesem verdammten Roadrunner Kerouac, kam ich die Straße runter und strandete in der Stadt der Liebe. Habe einiges weggeschrieben. Gutes. Schlechtes. Böses. Komisches. Wie die Hängen titten. So reden wir Übriggebliebenen hier. Wir vertrockneten Blumen. Aus den Flower-Power-Tagen und davor. Als der Beat in unseren Herzen und Mösen den Takt angab.

Über das Dach der weißen Congregational Church in der Mason Street hinweg mustert mich die kleine Riesenschwedin. Mit strengem Blick. Ein frisches gigantisches Wandgemälde. Die Augen habe ich schon mal gesehen. Nur wo? Nur wo? Ich tapere weiter. Meinem Drink entgegen. Und endlich falle ich ins Vesuvio. Wo das Reibeisen von Kellnerin hinter der Theke mir mein Glas hinstellt. Und dann noch eins. Langsam kühlt sich mein verfluchtes Hirn ab.

Für die *New York Times* habe ich einmal eine sehr, sehr lange Story über politische Wandgemälde geschrieben. Ende der Siebziger. Als die Yankees noch Geld und Zeit hatten. Drei Monate bin ich durch die Weltgeschichte gezuckelt. Nordirland. Bronx. Kuba. Afrika. Indien. Aber die feinen New Yorker Blechgesichter haben mir den Pulitzer-Preis trotzdem nicht gegeben. Nicht für diese Geschichte. Hella, sei's drum!

Ich habe sie alle gesehen: den kommunistischen Christus Che Guevara. In Havanna. Wie haben die den Kopf geschüttelt, die ihn kannten. Ein Superarschloch. Ein Macho. Ein Blödmann. Ein Mann eben. Aber an jeder zweiten Wand. Oder der einzige Weltstar aus der Dritten Welt: Bob Marley. Der König der Kiffer und der Ficker. Elvis natürlich. Irgendwo in Indien eine bunte Mauer an einer Betonburg: The King. Oder der vehemente X in der Bronx. Oder der zur Leiche abgemagerte Bobby Sands in Belfast. Oder Jesus. Überall Jesus. Jesus lebt. Von wegen. Alle mussten sie sterben, um zu werden, was sie wurden.

Und jetzt starrt einen die Kleine von der Wand an. Als erste Frau! Obwohl: Frau? Sie ist genauso alt wie ich, als ich mich von Mike, dem Tankwart, entjungfern ließ. Als die Coyoten hinter mir herheulten. Ich wollte nur weg, weg, weg. Von meinem Vater. Der Tyrann im Unterhemd mit Hosenträgern. Acht Postkarten von meiner Mutter liegen noch irgendwo in einer Schachtel. Komm zurück! Ich war nie wieder in Tecopa.

Und die Kleine? Fährt mit der Yacht über den großen Teich, hin und zurück. Bitte schön! Soll sie machen! Das »Greta Mural« in San Francisco ist auch nicht das erste Wandgemälde. In Bristol, England, gibt es schon eines. Und in Schweden. Diese Greta-Augen habe ich tatsächlich schon einmal gesehen. Es sind die Augen des Todes. Und schon tut mir die Kleine leid. Denn sie wird umkommen. Nicht durch diesen verdammten Klimawandel. Nicht durch biblische Hochwasser oder Feuersbrünste. Die gab es immer und wird es immer geben. Diesen Apokalyptikern, die sich gerade wieder den Weltuntergang herbeiwünschen, möchte ich am liebsten meinen knochigen Finger in den Arsch stecken, damit sie keine faule Luft mehr abblasen können.

Ich befürchte, Greta wird auf dieser Yacht sterben. Mitten im Atlantik. Ich bin zwar keine dieser putzigen Wahrsagerinnen vom Rummel. Mit Ringen an den Ohren, Nasenflügeln und Schamlippen. Aber Greta kann nur so als nützliche Ikone aufsteigen in den Himmel der höheren Politwesen. Es ist wie bei Che und den anderen. Du bist auf dem halben Weg, und schon steht deine beschissene Beerdigung an. Nur der Tod macht dich zur Legende. Deshalb wird Greta sterben. Bald. Auf hoher See. In einem Sturm über Bord gehen. Und kein Wal wird sie wie Jona verschlucken und an Land ausspucken.

Sollte sie es dennoch schaffen, will ich ihr ein besseres Angebot machen als der Sensenmann. Wir tauschen unsere Leben. Bevor sie noch einmal in See sticht, darf sie an meine Stelle treten. Darf im Vesuvio Drinks nehmen. Darf Kerle kennen- und loswerden. Darf überhaupt ein Leben leben. In dem die Coyoten heulen.

Ich hingegen sehe dem Ende kühl entgegen. Wie Yeats einst dichtete: »Blick mit kaltem Auge / auf Leben und Tod / Reiter, reitet weiter.« Ich werde für Greta in den Sonnenuntergang reiten. Auf einer Yacht. Bis in die Ewigkeit von Wandbildern herabstarren. Nebenbei den Nobelpreis einheimsen. Und natürlich die Welt retten. Schließlich aus der kleinen eine wirklich große Schwedin machen. Wie eine andere ewige Ikone: Make Greta Garbo again. O yee!

*Aus dem Amerikanischen übersetzt von Michael Ringel*

# Prozente, bis die Eier wackeln

*Ein ganz normaler Tag in einer Zeitungsredaktion. Die Agenturticker rattern vor sich hin. Die Briten haben gewählt. Boris Johnson hat die Wahl gewonnen und wird erneut Premierminister Großbritanniens. Da klingelt plötzlich das Telefon.*

Ja, bitte?

Guten Tag, Gebhardt. Von Gebhardt, King und Sandberg. Unser Business ist Ihr Gewinn.

Unser Business ist was ...?

Unser Business ist Ihr Gewinn.

Ach, Herr Gebhardt! Wir hatten doch schon mal das Vergnügen. Vor Jahren. Aber Sie rufen nicht wieder aus dem Auto an?

Äh, nein! Herr ... äh, Spirkel. Bin aufgestiegen. Hahaha. Bin gerade zwischen London und Frankfurt unterwegs. Sitze in unserem Lear-Jet.

Im Flugzeug?

Exakt! Geile Maschine! Gehört Gebhardt, King und Sandberg. Unser Business ist Ihr Gewinn.

Der muss ja enorm sein!

Können uns nicht beklagen, Herr Dinkel. Und auch für Sie habe ich wieder aus unserem Invest-Portfolio ein Top-Cashflow.

In London?

Jetzt Frankfurt. Wir Businessleute fliehen alle aus der City. Hätte auch nicht gedacht, dass ich mal Flüchtling werde.

Flüchtling? Vor dem Brexit?

Die Briten drehen total durch, Herr Wiesel.

Also kein Top-Cashflow mehr?

Hahaha. Der war gut! Unser Cash fließt natürlich weiter. Und Sie bekommen von uns eine Highend-Performance-Charge von zehn Prozent.

Zehn Prozent?

Na gut: zwölf!

Trotz Brexit?

Wegen Brexit! Ist doch alles wegen Brexit!

Sie spüren also nichts mehr von der Finanzkrise?

Welche Finanzkrise? In Frankfurt wird unser Business noch mehr Gewinne abwerfen. Herr ... äh, Kowaleski, hören Sie zu! Hier kommt mein Super-Top-Offer-Angebot zum Tag: Fünfzehn Prozent nach hinten raus.

Nach hinten?

Verstehen Sie mich nicht falsch, Herr ... äh, Socke! Wir wollen alle leben. Und leben lassen. Hahaha. Und bei den Briten geht's gerade drunter und drüber ... verdammt! Nicht jetzt! Nicht wieder eine dieser Scheiß-Turbulenzen! Oooaaaah ... Der Pilot ist ein Russe. War lange in Syrien. Denkt jedes Mal über dem Kanal, er muss einen auf Tiefflieger machen …

Tiefflieger? Was ist denn da los in Ihrem Jet, Herr Gebhardt?

Ja, hier Gebhardt. Von Gebhardt, King und Sandberg. Unser Business ist Ihr … uuuuurrrgghh.

Also bei Ihnen geht's ja gerade ganz schön turbulent zu. Geht es Ihnen gut?

Exakt! Alles halb so wild. Musste nur kurz kotzen. Diese Briten sind schuld.

Ach, ich dachte, der Pilot.

Ja, diese Scheiß-Russen! Sind sowieso an allem schuld.

Auch an Ihrer Flucht aus London?

Aber Sie wissen doch: Eine Krise ist immer auch eine Chance. Ich hau Ihnen die Prozente raus, bis Ihnen die Eier wackeln. Nur für Sie, Herr … äh, Wortmann: zwanzig Prozent. Mein absolutes Maximum-Project-High-Heel-Offer-Turn … äh …

Leider habe ich gar keine Kohle.

Kohle … hahaha. So habe ich früher auch geredet. Hab ja auch mal klein angefangen. Damals bei Erikson & Abel. Winzige Klitsche. Kaum Aufträge. Den ganzen Tag am Telefon. Kunden schrubben. Jeden Zahnarzt anklingeln. Und allen Fantasie-Renditen versprechen. Hahaha. Das waren noch Zeiten. Ist ja zum Glück heute vorbei, Herr … äh, Winkler. Heute für Sie nur Spitzenprozente im Power-Portfolio mit Touchdown.

Mit Touchdown?

Exakt! Wie im Football. Also dem richtigen: American. Wo Männer noch auf Männer treffen. An der Line of Scrimmage.

Also an der Gedrängelinie?

Sie kennen sich aus, Herr Brady. Sie sind ein ganz Ausgebuffter. »Own it, own it, you just own it.« Nur für Sie jetzt mein letztes Angebot: 25 Prozent! Ach, ich leg noch was drauf! 25 und Dreiviertel. Allerletztes Angebot.

Und dann der Touchdown?

Exakt! Ich lande jetzt. Muss das Telefon ausschalten. Ich melde mich dann wieder, wenn ich unten bin. Bis gleich, Herr … äh, Gebhardt.

Aber, Herr Gebhardt, das sind doch Sie selbst, Herr Gebhardt!

Exakt. Guido Gebhardt. Von Gebhardt, King und Sandberg. Unser Business ist Ihr Gewinn.

# Up, Upperclass, and away ...

Serviert wird der frisch gebrühte, golden glänzende Tee in zarten Porzellantässchen, während ein Streicherquartett leise Weisen von Salonmusik durch die Sitzreihen perlen lässt. Die Stewardess lächelt sanft beim Einschenken, und ihr blütenweißes Häubchen scheint vor Stolz zu zittern über die neue Zeit, die im Fremdenverkehrswesen angebrochen ist. Hier ist die Welt noch in Ordnung, kraftvoll und freudig, wohlsortiert und reich an faszinierenden Eindrücken. Klimawandel, Energiekrise, Flugscham sind Fremdwörter, die hundert Jahre entfernt sind.

Nichts anderes als eine Revolution ist ausgebrochen. Ausgerechnet im Massengeschäft des Tourismus. Eine Revolution von oben. »Ich bin nicht Lenin, ich hätte den Zaren am Leben gelassen«, lacht Baron Julian Alexander Kitchener-Fellowes auf einer Pressekonferenz an diesem sonnigen Dienstag in London. Der in Kairo geborene britische Adlige war Schauspieler und Schriftsteller, sitzt für die Tories im House of Lords, vor allem aber ist er der Erfinder einer der erfolgreichsten Fernsehserien der Welt: »Downton Abbey«.

Sein erst vor Kurzem in den Kinos angelaufener Folgefilm sprengt derzeit alle Einnahmerekorde und hat ihn endgültig zu einem der reichsten Briten gemacht. Der mit einer Hofdame Ihrer Königlichen Hoheit Marie Princess of Kent verheiratete Baron kann es sich leisten, einen Wirtschaftscoup einzufädeln, der seinesgleichen sucht. Nach der Pleite von Thomas Cook am Montag hat Kitchener-Fellowes die Restbestände des Reiseunternehmens übernommen und will mit der neu gegründeten Fluglinie »Downton Airline« den Tourismus »in galaktische Sphären führen«.

»Klasse soll wieder Klasse bedeuten«, betet Kitchener-Fellowes sein Credo herunter, »und das braucht zwei Klassen: Upper- and underclass. Nur zusammen können wir Großbritannien aus dem Schlamassel herausholen.« Mit »zusammen« meint der Baron eine neue alte Trennung. Alle bisherigen Thomas-Cook-Flugzeuge werden zweistöckig ausgebaut. Statt wie üblich Business Class und Economy Class anzubieten, gibt es eine horizontale Teilung in Upper- und Underclass. Eine obere Etage *upstairs* für das gehobene Publikum, die untere *downstairs* für gewöhnliche Reisende.

Das Innere der Flugzeuge orientiert sich an der edlen Ausstattung der Fernsehserie. Die Flugbegleiter tragen Uniformen im Stil des Empire, Hauben und Schürzen, weiße Handschuhe. Als Zielorte werden nicht mehr Mallorca oder Kreta angeflogen, sondern ausschließlich britische Destinationen wie die traditionsreichen Seebäder Brighton und Worthing oder die guten, alten Kolonialorte in Indien und Afrika. Rhodesien soll eine der »Top Destinations« werden, wie Kitchener-Fellowes erklärt.

Nostalgie allerorten. Zum neuen Unternehmen gehört eine Kette von Antiquitätenläden, die das *Merry Old England* hautnah spüren lässt, in Tea Rooms kann man den Afternoon Tea ungestört genießen. Eine Dauerschleife mit sämtlichen Folgen der Serie versorgt die Fluggäste mit dem hier einzig möglichen Bordprogramm.

Boris Johnson gibt sich trotz aller schlechten Nachrichten zuletzt für ihn begeistert: »So geht Brexit – das Alte ausmerzen, und das Neue erblüht. Das ist eine urbritische Tugend … und keine Weltverschwörung«, kann er sich einen Seitenhieb auf den antisemitischen Einflüsterungen zugeneigten Oppositionsführer Jeremy Corbyn nicht verkneifen. Von den Entwicklungen offenbar überrascht, hat sich der Labour-Chef bislang nur ein schmales Statement abringen können: Die Gründung der Downton Airline habe »gute und schlechte Seiten«. Die logischen Fragen, ob denn alles Personal und Equipment übernommen werde und ob sich nicht hier Baron Kitchener-Fellowes auf Kosten des Steuerzahlers an einem maroden Unternehmen bereichert, stellt er nicht.

Erstaunlich nachdenklich wirkt Premier Johnson allerdings nach der Pressekonferenz bei der Vorstellung des ersten Downton-Airline-Flugzeugs in einem opulent geschmückten Hangar des Flughafens Heathrow. Während den geladenen Gästen ein dunkelfruchtiger Vintage Port des Jahrgangs 1912 von Taylor's gereicht wird, hält Hugh Bonneville, der Hauptdarsteller von »Downton Abbey«, eine Blut-, Schweiß- und Tränenrede. Vom Lampenfieber offenbar überwältigt, verhaspelt sich Bonneville jedoch einige Male und lässt die churchilleske Suada in den kryptischen Satz gipfeln: »Es soll alles wieder so werden, wie es früher nicht war.«

Vielleicht sinniert Boris Johnson auch darüber, was das Urteil des Supreme Courts, der die Parlamentspause kurz zuvor für unzulässig erklärt hatte, für ihn persönlich bedeutet. Darf ihn das Volk nun wie einst Guy Fawkes vom britischen Polithof jagen? Dann könnte er die Downton-Airline-Maschine zur Flucht nutzen. Eine Reise nach Indien hat er sich längst mehr als verdient. Remember, remember the days of september.

# Helden, bitte nicht melden!

Liebe Kinder, ihr müsst jetzt ganz tapfer sein. Das Ende ist nahe. Die Welt geht unter. Das tut sie zwar schon von Anfang an, aber seit die Menschheit das Sagen auf der Erde hat, ist es in den letzten 10.000 Jahren deutlich ungemütlicher geworden.

Deshalb hat man für die Armen und Schwachen die Religion erfunden, die Trost spenden soll. Damit die Menschen wenigstens das Gefühl haben, nicht ganz umsonst auf Erden zu wandeln. Als Belohnung winkt ihnen ein Jenseits, in dem angeblich alles Elend endet. Im Diesseits wollen die Puritaner und Pietisten, Katholiken und Muslime oder wie sie auch heißen dafür auf alles verzichten, was Spaß macht.

Nichts anderes aber verlangen von euch Kindern momentan auch die aktuellen Apokalyptiker, die sich Klimaretter nennen, nur dass deren Jenseits Zukunft heißt, was selbstverständlich nicht annähernd so rosig wird wie das Paradies, in das jeder einzieht, der sich brav benimmt. Und um euch dies bittere Leben schmackhaft zu machen, braucht es Helden. Sie heißen Jesus oder Greta, wandeln übers Wasser und lieben alle Pflanzen und Tiere und jeden Menschen, selbst den funzeligsten, der ihnen folgt.

»Unglücklich das Land, das Helden nötig hat«, lässt Bertolt Brecht seine zwiespältige Titelfigur im Theaterstück »Leben des Galilei« sagen. Und viele Jahre entsprach dieser logische Satz dem deutschen Selbstverständnis, nachdem Deutschland in der Zeit des Nationalsozialismus reichlich Verbrecher produziert hatte, deren herrliches Heldentum darin bestand, andere totzuschießen, zu vergasen und zu verbrennen. Nie wieder braucht es das. Aber die Zeiten sind nicht mehr einfach. Deshalb haben die Vereinfacher derzeit Hochkonjunktur.

Publizistisch gibt es dafür immer noch den *Stern*. Das geläuterte Titten- und Hitlerblatt hat soeben ein Sonderheft auf den Markt geworfen mit dem Titel »Zeit für Helden«. Ja, es ist schon wieder so weit! Vier strahlende Heroen zeigt das Cover: Udo Lindenberg, Greta Thunberg, Dirk Nowitzki und Carola Rackete. Schon die peinliche Auswahl erzeugt ein Fremdschämen, gegen das Flugscham ein feuchter Fleischfurz ist. Der Knötterknacker Udo Lindenberg soll ein Held sein? Wahrscheinlich, weil er einen harten Hut trägt, damit sein weichgesoffenes Hirn nicht oben herausfließt.

Zeit für Helden? Die gab es auch schon mal vor achtzig Jahren. Eine Ausgabe der dem Hamburger *Stern* verwandten *Berliner Illustrierten Zeitung* hätte seinerzeit sicher ein etwas anderes Heldenquartett gezeigt: Erwin Rommel, Zarah Leander, Max Schmeling und Ferdinand Sauerbruch. Auch damals schon war eine Schwedin dabei. Und nur achtzig Jahre hat es von der Zarah zur Zopfgretel gebraucht. »Davon geht die Welt nicht unter«, sang die verlogene Schauspielerin Zarah Leander im Schunkelrhythmus, während draußen die Bomben die Erde erbeben ließen.

Heute singt die neueste Heldin zwar nicht, aber das Covergirl Greta ruft als »Botschafterin des Gewissens« jeden Freitag zum Streik auf, um die Welt zu retten. Liebe Kinder, ihr müsst jetzt noch viel tapferer sein: Böser Kapitalismus hin oder her – da gibt es nichts mehr zu retten. Erst recht nicht durch einen Streik. Die gute, alte Erde ist längst verloren. Der Kapitalismus lässt sich nicht abschaffen. Da helfen auch keine grünen Pillen.

Das mag für manche Gretaisten zynisch klingen, es ist jedoch leider die Wahrheit, die niemand gern hört, und – nebenbei gesagt – es ist nicht zynisch, sondern sarkastisch: Ein Zyniker nämlich ist ein Foltermeister, der dem Gefolterten die Wahl lässt, ob er gevierteilt oder verbrannt werden will. Ein Sarkast aber ist ein Gefolterter, der sich nach einer halben Stunde auf dem Feuerrost beschwert, man möge ihn doch bitte wenden, die eine Seite sei nun durch.

So weh es tut. Es lässt sich nichts am Untergang ändern. Und niemand, auch kein Wissenschaftler, kann euch, liebe Kinder, Hoffnung machen. Das Einzige, was bleibt, ist, als Mensch in Würde abzutreten. Das allerdings ist gar nicht schwer, selbst für euch Kinder. Ihr müsst nur ein paar wenige Handlungsweisen befolgen: Verschwendet eure Jugend! Bewahrt Distanz! Folgt niemals Propheten! Macht euch mit keinen Ideologien gemein! Vertraut auf euch selbst! Also auch nicht dem Verfasser dieser Zeilen.

Als Berufsspötter neigt er zur Ironie. Er will niemanden belehren. Denn es gibt nichts Langweiligeres als didaktische Satiriker. Er würde daher niemals einer Massenbewegung folgen. Er würde nie Mitglied einer Partei werden, sich nie an einer Unterschriftenaktion beteiligen, nie auf eine Demonstration gehen – allein schon deshalb, weil dort das unästhetische Demonstrationsmöbel Sarg herumgetragen wird.

Der wahre Spötter scheut die Macht der Masse. Anders als die Helden produzierenden Journalisten, die ihre Leser erziehen oder ihnen etwas verkaufen wollen, wie etwa die Zopfgretel, die uns mittlerweile von unzähligen Zeitschriften herab anstarrt. Oder sie wollen beides und gleich Politiker werden wie Boris Johnson. Journalismus ist nur die Vorstufe für Politik, wie Émile Zola einmal sagte. Obwohl es inzwischen bedauerlicherweise auch einige Komiker gibt, die der dunklen Macht verfallen und in die Politik abgewandert sind.

Zeit für Helden? Als wäre nicht eines der größten Probleme unserer Zeit das brutale Herostratentum. Wenn wieder einmal irgendein größenwahnsinniger Taugenichts sich eine Waffe schnappt und Amok läuft, um berühmt zu werden und seinen lächerlichen Namen mit grausamsten Taten tief in unser Gedächtnis zu brennen. Nicht zu vergessen all die politischen Amokläufer von Trump bis Orbán, die nur an sich selbst als Helden ihrer wahnwitzigen Egoerzählungen glauben und die Welt ins Chaos stürzen.

Warum braucht ihr kleinen Klima-Junkies eigentlich ständig Vorbilder und Idole? Und seid euch nicht selbst genug? Weil ihr für den Weltuntergang mitverantwortlich seid, ihr Gletscher-Groupies! Dauernd werden neue Exemplare von euch in die Welt geworfen und sorgen dafür, dass es eng wird auf unserer fragilen Kugel im Universum. Und behauptet jetzt nicht, daran seien eure Eltern schuld. So leicht kommt ihr nicht davon. Nein, ihr müsst euch auch nicht gleich alle entleiben, wir wollen gar nicht auf euch verzichten, wobei ihr ja gerade zum persönlichen Verzicht auf Energie, Fleisch und Flugreisen erzogen werdet, bis ihr freiwillig aus existenzieller Langeweile den Löffel abgebt.

Allerdings gäbe es eine positive Form des Verzichts: Ihr könntet, statt jeden Freitag sinnlos herumzukrakeelen, einfach die Klappe halten und uns alte Falter in Frieden lassen, damit wir die Restzeit in Ruhe genießen. Einverstanden, Kinder?

# Freibeuterin für Hollywood

Als erste Frau in der Geschichte wurde am Dienstag die deutsche Kapitänin Carola Rackete in die »International League of Captain Icons« (ILCI) aufgenommen. Das gab die Internationale Liga der Kapitäns-Ikonen an ihrem Stammsitz in New York bekannt. Zur Captains League gehören so illustre Persönlichkeiten wie Captain Ahab und Captain Beefheart, Captain Future und Kapitän Haddock, deutsche Vertreter sind unter anderem Käpt'n Blaubär und Käpt'n Iglo. Präsident der ILCI ist derzeit Captain Kirk.

Mit der berühmten Zeile »O Captain! My Captain!« aus dem legendären Gedicht, mit dem seinerzeit Walt Whitman den Befreier Abraham Lincoln poetisch rühmte, begann die Rede, die ein sichtlich ergriffener Captain Kirk eindrucksvoll vortrug. Für die Pressekonferenz vor Medienvertretern aus aller Welt hatte man sich bewusst einen historischen Ort gewählt: Ellis Island, die Einwandererinsel vor Manhattan, mit Blick auf die Freiheitsstatue.

Hinter dem ILCI-Boss Kirk standen aufgereiht viele eigens angereiste historische und fiktionale Kapitäne, die als wahre Ikonen der Menschheitsgeschichte gelten. Kirk erklärte, dass Kapitänin Rackete für ihre humanitären Verdienste in die Captains Hall of Fame aufgenommen werde. Rackete habe mit ihrem entschiedenen Eingreifen das Bild aller modernen Seebären und Seebärinnen neu geprägt. »Nie würde ein Kapitän Menschen in Seenot zurücklassen. Kapitäne sind keine Verbrecher!«, rief Kirk mit bewegter Stimme. Racketes Arbeit auf ihrem Schiff »Sea-Watch 3« sei großen Vorbildern wie beispielsweise Captain Picard und der »Enterprise« ebenbürtig.

Kapitänin Rackete sei am 29. Juni 2019 mit ihrem Schiff trotz eines Landungsverbots in den Hafen der italienischen Insel Lampedusa eingelaufen, rekapitulierte Kirk noch einmal die Ereignisse. An Bord der »Sea-Watch 3« seien 40 Flüchtlinge aus Afrika gewesen, die man am 12. Juni in Seenot vor der libyschen Küste im Mittelmeer vorgefunden hätte. Kapitänin Rackete sei dann nach der Einfahrt in den Hafen festgenommen worden.

»Shame! Shame! Shame!«, schmetterten die ikonischen Kapitäne mit einer Stimme, und Kirk ergänzte, dass es Racketes »verdammte Pflicht« gewesen sei, die Menschen zu retten. »O Captain! My Captain! Rise up and hear the bells«, brummte der Chor der Kapitäne so energisch, dass die roten und schwarzen Bärte im Wind flatterten: O Kapitän, mein Kapitän, steh auf und hör die Glocken!

Mit ihrem konsequenten Handeln erweise die deutsche Skipperin allen Schiffsführern einen außerordentlichen Dienst, führte Kirk weiter aus. Man dürfe auch angesichts der hier versammelten historischen Kapitäne nicht vergessen, dass das Meeresgewerbe jahrhundertelang dunkle Geschäfte, Mord und Totschlag, Raub und Sklavenhandel betrieben habe. Von der erniedrigenden Rolle der Frau in der Seefahrt als Piratenbraut und Seemannsliebchen wolle gerade er selbst hier in heutigen MeToo-Tagen besser schweigen, meinte Kirk. Aber die Zeiten wandelten sich, und das beste Zeichen dafür sei Kapitänin Rackete, die die Weiblichkeit der Meere neu definiere, übertraf sich Captain Kirk selbst.

Auch eher düstere und finstere Figuren wie Captain Hook, Captain Blackbeard oder Capitaine Nemo versicherten am Rande der Veranstaltung der neuen weiblichen Ikone ihre Unterstützung. Insbesondere als Korsar der sieben Weltmeere und Rächer der Entrechteten schätze man das konsequente moralische Handeln Racketes.

Captain Jack Sparrow gab überdies bekannt, dass Carola Rackete von der Produktionsfirma Disney nach Hollywood eingeladen werde, um im zehnten Teil der Filmserie »Fluch der Karibik« die Anführerin einer Besatzung von Freibeuterinnen und Flintenweibern zu spielen. Ihr Name sei einfach »rakete« und bleibe selbstverständlich. Auch müsse sie ihr äußeres Erscheinungsbild nicht verändern, sondern könne gern ihren leichten Damenbart behalten, der ihr eine wundersam raue Aura verleihe. »Alle, die mit uns auf Kaperfahrt gehen, müssen Frauen mit Bärten sein«, stimmten die alten Captains zu Ehren Racketes eine neue, weibliche Version des Liedes an.

Zum Abschluss der Pressekonferenz zauberte Captain Kirk dann ein besonderes Utensil hervor: den Original-Kapitänshut von Captain Cook, dem britischen Weltumsegler des achtzehnten Jahrhunderts. Da Kapitänin Rackete bislang bei all ihren öffentlichen Auftritten noch keine Kapitänsmütze oder eine ähnliche Kopfbedeckung getragen habe, sei es dringend an der Zeit, ihre sinnbildliche Kraft zu verstärken und ihr das Symbol einer wahren Kapitänin zu verleihen.

»Hoo ray and up she rises, Hoo ray and up she rises, Hoo ray and up she rises, Early in the morning«, intonierten die versammelten Kapitäne, bevor sie sich ihrem Lieblingssport, dem Rum-Trunk, hingaben.

# Doctor Heimlich meets Picasso

Für zwei Dinge kann ein Mensch nichts: für seinen Geburtsnamen und für seinen Geburtsort. Für beides sind allein die Eltern verantwortlich. Aber einen Namen kann man sich im Laufe des Lebens machen, und seinen Sterbeort sollte man wenigstens versuchen, selbst zu bestimmen. Wenn bei Wikipedia an beiden Lebenseckpunkten zwei Käffer eingetragen sind, dann hat man es nur von Kleinkleckersdorf nach Hintertupfingen geschafft. Noch immer gilt die Devise: Neapel sehen und sterben.

Als wir die Kante des Grand Canyon erreichen und sich rund 3.000 Fuß unter uns der kakao-braune Colorado River zu schlängeln beginnt, erlaubt sich der Pilot einen makabren Scherz. Musik setzt über die Kopfhörer ein: der Walkürenritt von Wagner. Wie in »Apokalypse Now«. Wenn acht Helikopter wie die acht Walküren im Morgengrauen einen Angriff fliegen. Nicht die letzte Gänsehaut des Tages.

Erstaunlich langsam gleiten wir über die sonnendurchflutete Sierra Nevada hinweg. Mein erster Hubschrauberflug, und das wacklige Fluggerät bewegt sich verblüffend gemächlich durch den Himmel. Auch die Landung am Ufer des Colorado erweist sich als sehr sanft. Unter einem Tarnnetz, das als Sonnenschutz dient, steht ein Champagner-Picknick bereit.

Vor zehn Jahren hatten wir im Neo-Neapel geheiratet. In derselben Kapelle wie Angelina Jolie und Billy Bob Thornton oder Cindy Crawford und Richard Gere. Und damals hatten wir uns versprochen: Wenn die Ehe zehn Jahre hält, feiern wir den zehnten Hochzeitstag wieder in Sin City. Bekanntlich sind Vegas-Ehen die kürzesten, aber wir haben es, anders als unsere

Vorgänger, geschafft. Und deshalb fliegen wir jetzt auf dem Rückweg über den Las Vegas Strip, an dem rechts und links die großen Casinohotels liegen – bis zum Stratosphere Tower, dem höchsten Gebäude von Vegas. Im siebzehnten Stock liegen unsere Gemächer.

Zum *wedding day* gehört selbstverständlich ein Dinner in einem der besten Restaurants der Stadt: dem Picasso im Hotel Bellagio, in das uns der Chauffeur mit einer Stretchlimo kutschiert. Dorthin, wo Julia Roberts und Andy Garcia in »Ocean's Eleven« dinieren. Draußen tanzen im Rhythmus der Musik die Wasserfontänen, drinnen empfängt uns der blasierteste Ober der Welt. Er wäre gern Franzose und kriegt doch nur einen halben Belgier hin. Hercule Poirot für Arme.

Über unserem Tisch hängt eines von drei tatsächlich echten Picasso-Gemälden im Restaurant, ein recht reizloses kubistisches Stillleben, das als Druck in jedes Gelsenkirchener Wohnzimmer passen würde. Die kostspieligen Bilder hat der Milliardär Steve Wynn für sein Luxushotel gekauft, allerdings hat Wynn nicht die besten Erfahrungen mit Picassos Werk gemacht. Im Jahr 1998 wollte er das Gemälde »Le Rêve« (Der Traum) kaufen, rammte aber bei der Freudenfeier anlässlich des Erwerbs traumhaft angetrunken seinen Ellenbogen durch die Leinwand und riss ein Loch in den Unterarm der abgebildeten Picasso-Geliebten Marie-Thérèse Walter. »Gott sei Dank war ich das«, sagte Wynn, der als Erbauer des modernen Las Vegas gilt, und trat vom Kauf der beschädigten Kunstware zurück.

Unendlich lang braucht der immer verblasener wirkende Ober, um die Bestellung aufzunehmen. Als erster Gang wird »Foie Gras au Torchon« gereicht, als Hauptgang folgt ein »Roasted Milk-Fed Veal Chop«, also Lammsteak, und das Dessert wählt der Chefkoch: »Chef's Choice«. Fassungslos nimmt Freund Ober unsere Kritik am vorgeschlagenen Champagner zur Kenntnis. Nein, da hätten wir gern eine andere Wahl: lieber den

Rosé von Ruinart. In Reims wird immer noch der beste Champagner produziert. Rückkehr nach Reims? So heißt doch das Buch von Didier Eribon: »Retour à Reims«. Besser passt Joris-Karl Huysmans' »À rebours«. Heute trinken wir auf dem Strip »gegen den Strich«. Dem falschen Belgier fällt fast die weich gewellte Zunge aus dem offenen Mund, er versteht nur Bahnhof und ordert den Sommelier herbei, der diese hergelaufenen Hochzeiter kundig beim Wine Pairing berät.

Einen Sternekoch und seine Entscheidungen darf man nie vorher in Frage stellen. Deshalb habe ich ausnahmsweise beim Lamm auf das bewährte »Well done« verzichtet und bemerke gleich, das Steak ist alles andere als durch, eher zäh wie Leder. Unsere Tischrunde – wir sind zu viert, da unsere Trauzeugen den Abstecher nach Las Vegas mitgemacht haben – plaudert derweil, und ich rede und kaue und rede zu viel und kaue zu wenig, bis kommt, was kommen muss: das »Steakhouse-Syndrom«, wie Mediziner es nennen.

Ich verschlucke mich an einem Bissen Lamm, und es steckt fest. In der Speiseröhre. Röchel … Keine Luft! Luft! Luft! O my god! Jetzt soll ich also doch noch in Neapel sterben. Oder war es Vegas? Arrivederci! Auf Wiedersehen! Good bye …

Es gibt ja die Legende, dass in todesnahen Momenten das ganze Leben an einem vorbeizieht. Ich kann das so nicht bestätigen. Nichts gleitet vorbei. Zäh wie ein Lammsteak steht die Zeit still. Ich sehe in den weit aufgerissenen Augen meiner Gattin das Entsetzen, sehe den Picasso ungerührt an der Wand hängen, sehe die Gäste an den Nachbartischen gleichgültig vor sich hin tafeln und ergebe mich beinah schon in mein Schicksal, als ich eine Epiphanie habe …

Mitten auf dem hell erleuchteten Las Vegas Strip materialisiert sich Greta Thunberg. Die kleine Schwedin. Ihre Zöpfe heißen Siegfried und Roy und zittern vor Wut über das Lichtermeer, die Musikwellen, die Wasserspiele und all die Verschwendung um sie herum. Besonders wütend aber ist die Prinzessin des Puritanismus auf mich. »Klima! Klima! Klima!«, knöttert sie, ist sie doch eigens mit der Töff-Töff-Eisenbahn von Stockholm nach Las Vegas getuckert, um mir ins Gewissen zu reden. Was ich denn da tue in diesen Tagen einer Reise quer durch einen Kontinent: 22.000 Kilometer, acht Flugzeuge, ein Hubschrauber, drei Schiffe, ein paar Fähren, Bahnen, Autos ... Ob ich denn noch bei Sinnen sei, mahnt die Klimakämpferin mit den zornigen Zöpfen.

Mit einem Plopp kehre ich in die Realität zurück. Wozu hat man schließlich einen Arztneffen dabei? Der als Einziger im Raum geistesgegenwärtig die Situation erfasst hat, aufspringt, hinter mich tritt, mir die Arme um die Brust legt und den aus Film, Funk und Fernsehen weltberühmten Heimlich-Griff anwendet. Plopp! Das Stück Steak plumpst auf den Teller.

Und was tut der gestählte Genießer von Welt, den nichts aus der schnurrenden Ruhe bringen kann? Er schneidet das Corpus Delicti mit Messer und Gabel zurecht und verspeist es erneut. Das Wort »Fassungslosigkeit« ist fast zu spärlich für die Reaktion der Tischrunde. Und die latinische Hilfskellnerin fragt besorgt: »Are you okay, Sir?«

Selbstverständlich schäme ich mich anschließend ein wenig für die unpassende Show-Einlage. Die heilige Greta aber lässt mich beim Verdauungsbummel über den strahlenden Strip nicht mehr los. Überall sehe ich die Bezopfte vor mir und höre ihre quengelnde Stimme: Das sei die gerechte Strafe für einen ökologischen Bigfoot wie mich.

Wo bleibt da die Freiheit?, wehre ich mich mit der Kraft der sieben Leben eines unbezwingbaren Katers gegen die Über-Gretel in mir. Ich lasse mir doch keine Vorschriften machen von der Prophetin einer Ökodiktatur. Als ob wir nicht bereits in der

Geschichte genug Diktaturen gehabt hätten, die sämtliche Freiheit unterdrückt haben: Meinungsfreiheit, Kunstfreiheit, Reisefreiheit …

Und ich wiederhole mein Credo: Verschwendung ist der Beginn aller Kultur. Hätten in der Steinzeithöhle die puritanischen Geizhälse den Ton angegeben, wäre das Feuer niemals fürs Kochen verwendet worden. Erst mit der Verschwendung beginnt das Abenteuer Zivilisation. Es lebe der Genuss im Überfluss! Dekadenz ist die höchste Form der Freiheit. Freedom's just another word for nothing left to lose.

Im nächsten Leben sterbe ich dann in Kyritz an der Knatter.

# Jubeljodler unterm Feuerwerk

Hallööööchen! Kommt rein. Schnell. Es geht gleich los. Die sind schon kurz vorm »Wort zum Sonntag«. Schön, dass ihr mal wieder dabei seid. Oh, supi! Schinkenröllchen! Mit Pflaumen. Die Klassiker. Stellt das mal auf das Büfett, da rechts. Ist sowieso zu viel Veganes auf dem Tisch.

Ihr müsst euch einen Platz sichern. Heute wird's total voll. Bei der Konstellation. Eigentlich hatten die Israelis und die Hamas ja einen Waffenstillstand. Aber das war ja klar, dass das wieder losgeht, wenn das Gesinge beginnt. Trotz Ramadan. Und Vollmond. Sind einfach zu viele Journalisten aus aller Welt im Land.

Die Couch ist aber schon besetzt – wie die »besetzten Gebiete« in Israel. Hahahaha. Klappstühle stehen im Gästezimmer. Bier und so weiter ist auf der Terrasse. Aber erst mal einen Crémant! Zum Muntermachen. Wir haben da einen Neuen: Limoux. Supi! Wir hatten schon den weißen Brut. Aber der Rosé ist noch besser. Ich sag immer, wenn der aus der Champagne käme, dann wäre der dreimal so teuer.

Wisst ihr noch, früher? Hahahaha. Die Kommentare? Über die Teilnehmer. Aussehen und Performance. Wir alle mit Stift und Block: »Bulgarische Dunkelbierdame«. Oder »Trulla im Tittenfummel«. Darf man das eigentlich noch sagen? Oder die krasse Belgierin in Socken: »Gelbierin mit Fußblues«. Und bei der Punktevergabe – »Duhß Poants«, hahahaha – wurde später alles vorgelesen. Wer den besten Kommentar abgab, hat den Champagner gewonnen. Na, was glaubt ihr denn?! Der steht schon im Kühlschrank. Ein echter Moët & Chandon. Wir sind ja hier nicht im Ramadan.

Aber wir sind jetzt supimodern. Nur noch WhatsApp. Die Gruppe hat Svenja eingerichtet. Wenn ihr die noch nicht habt, fragt Svenja. Dann kriegt jeder alle Kommentare über WhatsApp. Sofort. Bloß nix zur »Musik«! Oder was die so nennen. Ohrenstöpsel liegen da vorn. Nein, nicht beim Büfett! Nicht mehr, seit Ralf vor ein paar Jahren zwei von denen vertilgt hat. Er dachte, das wären Pralinen. Ralf eben, der alte Kauz.

Ooooh! Seht mal! Seht mal! Die Raketen fliegen schon wieder. Aus Gaza. Ja, wir haben extra den Fernseher aus dem Schlafzimmer rübergetragen. Damit wir zwei Bildschirme haben und nebenher die Raketen live sehen können. Auf dem iPad ist das einfach zu klein. Ist CNN. Wir können auch Al Dschasira gucken. Die sind vielleicht näher dran. Aber CNN hat mehr Effekte. Mit dem Nachtsichtgrün und der Leuchtspurmunition. Ooooh, fliegen die hoch. Da brauchen die in Tel Aviv jedenfalls kein Abschlussfeuerwerk.

Wisst ihr noch, in Baku? Wo die Tochter des Diktators oder so gesungen hat? Da haben sie auch zum Schluss die ganze Pyrotechnik des Orients in die Luft gejagt. Heute gibt's das alles für umme. Danke, Hamas! Aber wir sind streng neutral. Heute Abend gibt's nur eine knallharte Regel: Keine Politik! Es ist »Grand Prix« oder wie das Song-Dingens jetzt heißt. Keine Politik! Spaß bleibt Spaß. Wir wissen doch alle: Die Israeli spinnen. Und die Palästinenser sind Arschlöcher. Punkt.

Mach doch mal lauter! Nein, nicht CNN! Das »Wort zum Sonntag«. Kuckma. Alter Falter, Gereon Alter heißt der. Und das soll ein Pfarrer sein? Ich will's gar nicht hören. Der wird wieder irgendeinen Sermon über »Zwölf Punkte für den himmlischen Frieden« absondern. Warum nur können sich die armen Menschen im Heiligen Land nicht vertragen, in dieser Wiege der Weltreligionen, bla, bla, bla …

Wisst ihr noch, früher? Die Namen? Oda-Gebbine Holze-Stäblein? Die ostfriesische Schraube Gottes? Hahahaha. Das waren noch gottesfürchtige Gestalten! Beim »Wort zum Bierholen«.

Braucht noch jemand ein Bier? Es gibt auch Cider. Irischen. Für die Johnny-Logan-Fans. Hahahaha. Wetten wir, die alte Specklocke taucht irgendwann auch noch auf? Wie immer. Wenn dann der Schmalz aus dem Fernseher tropft, muss jemand schnell ein Eimerchen holen. Aber heute tropft ja sowieso nur Blut heraus. Ja! Okay! Sorry! War en bisschen hart. Aber der ESC ist auch beinhart wie nen Rocker. Bei der Mucke geht nicht nur eine Träne auf Reisen. Da wird jeder Wein sauer.

Hat jemand den Korkenzieher gesehen? Gib mal die Crémant-Flasche her. Wow, zischt das Teil ab! Das muss jetzt schon die zehnte Rakete in fünf Minuten gewesen sein. Wetten, die Israelis schlagen gleich krass zurück? Aber wenn, richtig heftig. Dann kracht da so ein ganzer Häuserblock ein. Guck doch mal jemand auf dem iPad nach, was die Israelis offiziell erzählen. Tel Aviv ist wahrscheinlich heute der sicherste Ort der Welt. Zumindest in der Halle. Die heißt nicht umsonst »Iron Dome«. Die können sich da nicht mal einen Kurzschluss erlauben.

Will jemand einen Kurzen? Ich hab da was ganz, ganz Feines. Schwarz gebrannt. Na gut, nicht wirklich schwarz gebrannt. Nennt sich nur so: »Moonshiner«. Bratapfel. Supi wie der Vollmond heute Nacht. Von wegen Roter Halbmond. Wie früher Roter Libanese. Würde die Scheiß-Hamas sich das Zeug reinziehen, würde die auch auf andere Gedanken kommen. Hahahaha. Statt Bonbons auf den Straßen zu verteilen und zu jubeln bei jedem Einschlag, der einen Israeli killt. Dieses kreischige arabische Jubeljodeln. Damit könnten die glatt am ESC teilnehmen. Müssten sich nur in so einen wilden Claudia-Roth-Fummel werfen. Am besten mit Schlitz bis ins Nirwana.

Habt ihr die Chips gesehen? Da hinten. Ein ganzer Berg. Für den kleinen Hunger zwischendurch. Die Golanhöhen sind nichts dagegen. Dann hoffen wir mal, dass die Mullahs in Teheran kein Blut geleckt haben. Hamas, Hisbollah – und mittendrin die »Schwulen-Olympiade«. Der ESC als Auslöser für einen Weltkrieg – das fehlte noch. Ein Funke, und die Amis hauen drauf. Hoffentlich nicht genau dann, wenn Madonna ihren Gastauftritt hat, die alte Fregatte. Die haben doch gerade erst die »Abraham Lincoln« in den Nahen Osten verlegt. Und wenn so ein Flugzeugträger mit seinen Marschflugkörpern mitmischt, dann ist Schluss mit Jodeln! Jede Tomahawk kostet gut eine Million Dollar. Und in Te… Te… Teheran bebt die Erde. Hab schon einen Knoten in der Zunge vom Crémant und den Schinkenröllchen und …

»Ein bisschen Frieden, ein bisschen Sonne. Für diese Erde, auf der wir wohnen …« Darauf noch ein flüssiges Obst. Hoch die Tassen! So jung kommen wir nicht mehr zusammen. Auf einem Bein kann man nicht stehen – vor allem, wenn man gerade in Gaza ist. Hahahaha.

# Hitler hatte kein Asthma

Man duzt Darth Vader nicht. Selbst wenn er sich einem mit typisch amerikanischer Freundlichkeit vorstellt: »Nennen Sie mich Darth!« Erst einmal muss das Blut in den Adern wieder auftauen, nachdem es schier gefroren ist, als der dunkle Lord den Raum betrat und mit seinem dröhnenden Bass die Wände erzittern ließ.

Wir sind zum Interview verabredet in einem unscheinbaren Bürogebäude am Hollywood Boulevard, nahe dem Chinese Theatre, wo jedes Jahr die Oscar-Verleihung stattfindet. Dort residiert die mächtige BGG, die Bad Guys Guild. In der Gewerkschaft der Film- und Fernsehbösewichte muss jeder Mitglied sein, der es auf der dunklen Seite Hollywoods zu etwas bringen will. Dazu gehören die großen Antihelden von Hannibal Lecter bis Voldemort, wie auch sämtliche Bond-Schurken von Dr. No bis May Day. Es gibt Unterabteilungen für Trickfilmfiguren wie den Atomkraftwerkbesitzer Charles Montgomery Burns aus den »Simpsons«, für Zwischenwesen wie die Nazgûl aus dem »Herrn der Ringe« und sogar eine eigene Tiersektion, deren Abteilungsleiter der Weiße Hai ist. Präsident der BGG ist derzeit der Joker, dessen Wahl vor zwei Jahren endgültig die Bedeutung der Comicfiguren für Hollywood unterstrichen hat.

»Mir geht es blendend«, antwortet der galaktische Lord keuchend auf die Frage nach seinem Befinden. »Ich bin immer noch sehr gut im Geschäft.« Dann zeigt er mit seinem schwarzen Panzerfinger auf das Wappen der Bad Guys Guild an der Wand und ihrem Motto: »Semper immortalis«.

Tatsächlich sind die meisten Bösewichte unsterblich. Zwar werden sie ständig in die Luft gesprengt, Abgründe hinabgestoßen oder sogar in glühendem Stahl aufgelöst, aber weil sie für die Filmindustrie zu wichtig sind, sind sie nicht unterzukriegen. In Sequels und Prequels tauchen sie stets wieder auf und werden von immer neuen Darstellern verkörpert. »Mir kann keiner etwas, außer meiner Frau!«, lacht Vader, der inzwischen fester Bestandteil der Populärkultur ist und sich uns als netter Kerl von nebenan und treusorgender Ehemann präsentiert.

Doch der schöne Schein trügt. Unter den Bösewichten herrscht helle Aufregung. Kürzlich hat das British Film Institute bekanntgegeben, dass es künftig keine Drehbücher mehr fördern wird, in denen Menschen mit durch Narben entstellte Gesichtszüge als Schurken vorkommen. Eine Figur wie zum Beispiel Scarface wäre dann nicht mehr möglich. Dabei soll der narbengesichtige Verbrecher, der seit dem Brian-de-Palma-Film von 1983 berühmt für seinen Furor ist, demnächst in einem Remake erneut sein ganzes brutales Können beweisen.

Werden also bald in Hollywood nur noch schöne Schurken Arbeit finden? Der dunkle Lord erkennt zumindest die Vorbildfunktion für betroffene Menschen an: »Aber die Gezeichneten können sich auch einfach mich als Identifikationsfigur wählen. Ich habe es doch schließlich weit gebracht.«

»Wehret den Anfängen!«, warnt Vader, der weitreichende Auswirkungen auf das Gewerbe befürchtet. »Wir sind die Nächsten«, behauptet er und röchelt, um auf das nach der Narbe bekannteste Merkmal aller Bösewichte anzuspielen. »Sehen Sie, seit der Erfindung des Inhalators in den Fifties ist der asthmatische Schurke fester Bestandteil unserer Branche. Im Jahr 1962 ist mein geschätzter Kollege Red Lynch, gespielt von Ross Martin in ›Experiment in Terror‹, der Erste gewesen. Lynch hat viele Nachfolger inspiriert – wie auch mich, dem das Asthma-Schurkentum mit den ›Star Wars‹-Filmen ab 1977 seinen endgültigen Durchbruch verdankt.«

Den Einwand, dass Darth Vader eigentlich gar kein Asthma habe, wischt der Fürst der Finsternis beiseite, gibt aber zu, dass er eher an einer Art kosmischem Asthma leide. Seine Lungen seien bei einem Kampf über einer Lavagrube verätzt worden. »Wenn mein Röcheln kein Asthma ist, dann heiße ich John Doe«, spottet Vader.

Ob denn die Zuschauer heutzutage wirklich auf die ausgeklügelten Darbietungen der Asthma-Schurken verzichten wollen, fragt er sich. Wie Little Junior Brown, gespielt von Nicolas Cage 1995 in »Kiss of Death«, der als Obergangster nur das Metall der Pistole im Mund schmecken muss, um völlig außer Atem zu geraten. Oder Silvio Dante bei den »Sopranos«, verkörpert seit 1999 von Steve Van Zandt, der immer dann seinen Inhalator braucht, wenn er als Vertreter des Mafiabosses Tony Soprano überfordert ist. Oder Wheezy Joe, grandios gegeben von Irwin Keyes in dem Coen-Brothers-Film »Intolerable Cruelity« von 2003, der als Mietkiller George Clooney klarmacht, warum er der Keuchende Joe genannt wird. Oder Le Chiffre, der in Gestalt von Mads Mikkelsen 2006 in »Casino Royale« das doppelt Böse darstellt, da er sowohl Asthmatiker als auch Narbengesicht ist. Lord Vader gerät bei seiner Aufzählung regelrecht ins Schwärmen.

Der nächste Schritt einer immer spießiger und korrekter werdenden Gesellschaft sei es, nicht nur die Narben-, sondern auch die Asthmafilme unter dem Deckmäntelchen der medizinisch-psychologischen Fürsorge zu verbieten, meint Vader. »Sehen Sie, die größte Bestie aller Zeiten, Adolf Hitler, hatte kein Asthma. Aber um das Böse schlechthin zu zeigen, braucht es banale Mittel. Und wenn uns die genommen werden, dann hätten wir wieder Verhältnisse wie in den fünfziger Jahren. Damals gab es einen Zensur-Codex, der darüber wachte, dass keine Toiletten, kein Sex, keine Gewalt im Film erlaubt waren. Wo bleibt da die künstlerische Freiheit?«

Es stimme schon, nicht jeder Asthma-Schurke sei vorzeigbar. Besonders beim Horrorfilm gebe es ein paar Gestalten, die »völlig durchgeknallt« sind, wie Vader sich unmissverständlich ausdrückt. Der Sith-Lord nennt Darren Mullet in »Tormented« von 2009, der als übergewichtiger Internatszögling von mehreren Mitschülern gemobbt wird, sich das Leben nimmt, jedoch als Zombie wiederkehrt, um seine Feinde umzubringen. »Und obwohl er untot ist, greift er immer noch dauernd zum Inhalator. Crazy!« Genau wie Huff in »Big Bad Wolf« von 2013. »Der terrorisiert drei Frauen und verwandelt sich jedes Mal in eine Art Hulk, wenn er seinen Inhalator benutzt. Irre!«

»Oder ganz schlimm«, schüttelt Lord Vader den Helm bewehrten Kopf, »der widerwärtigste Spielfilm aller Zeiten: ›The Human Centipede II‹ von 2011.« Der übergewichtige, unter seiner Mutter leidende Parkhauswächter Martin entführt und foltert Menschen, um sich seinen Traum von einem menschlichen Tausendfüßler zu verwirklichen, indem er Münder an After näht. »Und was ist Martin? Natürlich Asthmatiker! Das krankeste Stück Film, das je einem menschlichen Hirn entsprungen ist«, gruselt sich Vader angeekelt.

Doch habe er durchaus Hoffnung für die Zukunft, versichert Vader. Neulich habe er beim »CSI«-Spinoff »Cyber« in einer Folge von 2015 mit dem Titel »Crowd Sourced« den vielversprechenden Cyber-Terroristen Tobin gesehen, der aus dem Gefängnis heraus verheerende Bomben in Washington platziert und bei der Vernehmung an seiner Asthmaflöte nuckelt.

Aber warum macht eigentlich den Menschen eine Krankheit wie Asthma solche Angst? »Wissen Sie, wenn jemand niest, finden wir das lustig und wünschen ihm fröhlich ›Gesundheit‹. Wenn jemand hustet, erschrecken wir und erinnern uns unbewusst an die schreckliche Pest des Mittelalters. Die begann immer mit einem Husten. Und mit dieser Angst spielen wir dunklen Künstler, und das wollen wir auch weiterhin!«

So kämpferisch, wie sich Lord Vader gibt, muss man sich wohl keine Sorgen um die Zukunft der Filmbösewichte machen. Routiniert platziert der dunkle Lord zum Abschied einen Scherz, den er sicher schon zigmal bei Fantreffen untergebracht hat: »Und nicht vergessen, Mike! Ich bin dein Vater!« Röchel, röchel.

# Gott mit dir, Karpatenvolke!

Es begab sich aber zu der Zeit Anno Domini 2018, in eben jenem nicht enden wollenden glutheißen Sommer, der als die bärenwärmste Jahreszeit der neueren Menschheitsgeschichte in die Annalen eingehen sollte, dass der große Vorsitzende der polnischen Partei Recht und Gerechtigkeit Jarosław Kaczyński auf einer Wahlkampfveranstaltung nahe der einzigen Großstadt der Woiwodschaft Karpatenvorland, also bei Rzeszów, vor Landmännern und Bauernfrauen eine Rede hielt, bei der er nicht von einem breitkrempigen Hut geschützt ward, weshalb die vom weltweiten Klimawandel angefeuerte Sonne ihm den Hirnkasten derart aufbuk, dass er den vor der Bühne versammelten, für ihre verwachsenen Beton- und Sprengköpfe berühmten Karpatenvorlandbewohnern ein blütenreiches Märchen auftischte.

Die staunten mit offenen Mäulern nicht schlecht, als sie sich die deutsche Predigt des katholischen Vorsitzenden anhörten: »Ich weiß, dass wir hier kein Dubai errichten, aber ich habe mir die Frage gestellt, ob man hier auf dieser Erde, und auch in den Regionen um das Karpatenvorland, nicht ein polnisches Bayern aufbauen kann.« Da jagte selbst die sonst so sachliche Deutsche Presse-Agentur, um den polnischen Seher zu würdigen, eine leicht spöttisch klingende Meldung über die Nachrichtenticker: »Kaczyński sieht ›polnisches Bayern‹ im Karpatenvorland.«

Wenn schon kein Dubai, dann sollte ausgerechnet das urdeutsche Bayern, das Land von Laptop und Lederhose, von Maibaum und Oktoberfest, von BMW und Audi zum Vorbild werden für den von der Zivilisation weitgehend abgeschnittenen und von Pferdepflugbauern geprägten Landstrich vor den

Karpaten?! War der Altmeister des Hasses auf die »Szwab«, wie man in Polen die Deutschen verächtlich nannte, plötzlich altersmilde geworden? Was bloß war in den legendären Deutschenfresser Kaczyński gefahren? Der Beelzebub persönlich? Gott mit dir, Karpatenvolke!

Bis zu diesem siedend heißen Spätsommertag galt Jarosław Kaczyński als legitimer Erbe seines Zwillingsbruders Lech, mit dem er sich einst gemeinsam auf den Weg zur Macht gemacht hatte, um die sozialistisch verdorbene Republik Polen zu einem herrlich gottesfürchtigen Staat umzubauen, in dem Lech Präsident war, bis er von russischen Galgenvögeln im mythenumrankten Ort Katyn vom Himmel geholt wurde und in die ewigen Jagdgründe einging. So erzählte es der Nachlassverwalter Jarosław allen und vor allem seinen Getreuen, die jene Heldensage nur zu gern glaubten, wie auch, dass die Russen und die Deutschen schuld seien an sämtlichen Übeln der Welt, für die es nur eine Erlösung gäbe, wenn nämlich der römische Herrscher über den Vatikan endlich den heldenhaften Polenführer Lech Kaczyński heiligspräche. Die nötigen Wunder ließen sich sicher herbeibeten. Halleluja!

Und nun das! Ein polnisches Bayern! Wie das wohl aussähe? Hatte die Bezirkshauptstadt Rzeszów überhaupt einen Fußballverein, der dem FC Bayern München nacheifern könnte? Beim großen Mottek, aber ja! Ist doch der CWKS Resovia einer der ältesten polnischen Fußballklubs, der immerhin zuletzt 1975 polnischer Meister war. Jetzt musste er nur noch in Karpatia Resovia umbenannt werden, um den Truppen des Bayernfürsten Uli Hoeneß Saures zu geben und bald, schon bald bestimmt die Champions League zu gewinnen.

Lacht nur, ihr arroganten Bayern! Beim Fußball wird es nicht bleiben! Dachte sich der mit allen Weihwassern gewaschene Kaczyński, und vor seinem geistigen Auge blitzte schon das Bayerische im Karpatischen auf: Ein eigenes Oktoberfest mit

Krakauern statt Weißwürsten; ein modernes Automobil der Marke KMW, gefertigt in den Karpatischen Motoren Werken; ein futuristisches Weltraumprogramm mit rasanten Raketentriebwerken, mit denen man selbst den weit entfernten Planeten Söder erreichen könnte.

Dabei kannte Kaczyński doch die sagenhaft verlogene Aufstiegsgeschichte seines Vorbilds genau. Denn auch das feine Bayernland war einmal ein bäuerlich armes Hinterwaldländchen. Erst als das damals schwermetallreiche Nordrhein-Westfalen die bedauernswerten südlichen Verwandten, die nichts hatten außer weißblauem Himmel, alpenzarter Luft und almsündiger Liebe, nach dem Zweiten Weltkrieg im Länderfinanzausgleich alimentierte, erst als aus der Frontstadt West-Berlin die unzähligen Firmenzentralen gen Westdeutschland, in das Millionendorf München abwanderten, da stieg Bayern auf zum Kalifornien des Südens, zum Arkadien der Alpen, zur bajuwarischen Schweiz. Ein Blenderstaat von Gottes Gnaden, gebaut auf den kaputtwullackten Rücken polnischstämmiger Kohlekumpel, wusste der bauernschlaue Kaczyński.

Und irgendwo an der Stelle muss die Blendung des in der Sommersonne unbehüteten Redners Jarosław Kaczyński eingesetzt haben. Niemandem in der Schar seiner verwunderten Zuhörer mochte er erklären, in welcher Bonanza er das viele Gold schürfen wollte, das es bräuchte, um die karpatiöse Region am Rande der bekannten Welt in ein Eldorado zu verwandeln. Mit den schurkischen Russen wollte er nichts zu tun haben, mit dem europäischen Sowjet-Imperium in Brüssel erst recht nicht, die reichen Verwandten aus New York und Chicago riefen nur noch »America first« und die neuen Herren der Welt aus China waren an den erzkatholischen Polen nicht die Sojabohne interessiert. Und selbst die Blütenträume von milliardenhohen deutschen Reparationen für die Kriegsschäden zerplatzten bereits, bevor Kaczyński sie noch in Worte fassen konnte.

So reihte sich im Heißsommer des Jahres 2018 Polens hitzegeschädigte graue Eminenz Jarosław Kaczyński mit ihrem Ammenmärchen vom polnischen Bayern nahtlos ein in die weltumspannende Riege der von blühenden Landschaften fabulierenden politischen Märchenonkel. Und wenn sie nicht gestorben sind, dann labern sie noch heute …

# Das Menetekel des verschwundenen Rings

Als ich meine Handschuhe auszog, bemerkte ich es sofort: Der Ring ist weg. Verdammt! Mein goldener Ehering. War das die Strafe für den Verstoß gegen die Regeln des Lockdowns? Oder gar ein Menetekel in diesen düsteren Zeiten? Hatte mich mein Glück so kurz vor dem Valentinstag verlassen?

Ich wusste sofort, wo ich ihn verloren hatte. Nur einmal, vor dem U-Bahn-Eingang, hatte ich die Handschuhe abgestreift. Wir wollten ein befreundetes Paar besuchen. Ein Verstoß gegen die Pandemieregeln. Und so taperte ich auf dem Weg zu der verbotenen Verabredung mit einigen Getränken schwer bepackt und dick vermummt im dichten Schneetreiben durch die glatten Straßen und versuchte, durch die beschlagene Brille halbblind, die wacklige Ticket-App auf dem Handy zu aktivieren. Dabei war der Ring wohl vom Finger ins weiche Weiß gefallen. Es hatte keinen Zweck, ihn zu suchen, wir taten es dennoch – erfolglos.

Nachts fühlte ich den Phantomschmerz und mich buchstäblich nackt, weil ich permanent die leere Stelle betastete, wo ich sonst den Ring gern notorisch drehte und drehte. Doch da war nichts – nur Gedanken, die mich wachhielten. Bilder aus der Vergangenheit blitzten auf. Die Hochzeit in Las Vegas. Little Church of the West. Dieselbe Kapelle, in der Angelina Jolie und Billy Bob Thornton geheiratet hatten. Und der zehnte Hochzeitstag im letzten Sommer vor Corona. Der Hubschrauberflug zum Champagner-Picknick im Grand Canyon.

Das Glück der Dekadenz. Das die neuen Puritaner mit ihrem Tugendterror gern in den Schlamm der Politisierereien zerren.

Während sie an der Welt leiden, genieße ich es, wie ein Dandy der Belle Epoque zu verschwenden. Ist doch Verschwendung eine Kunst und der Beginn aller Kultur. Nur deshalb leben wir nicht mehr auf Bäumen und nagen keine Rinden ab. Aber war das die Zukunft nach der Pandemie? Statt an edlen Drinks zu nippen, bald wie die Generation Apokalypse schalen Rindensaft hinunterwürgen zu müssen?

Um auf andere Gedanken zu kommen, erklomm ich mein Indoor Speed Bike. Mitten in der Pandemie hatte ich mir ein Zimmerrennrad zugelegt und satte zwölf Kilo abgenommen. Meine schmerzenden, weil dünner gewordenen Gichtgriffel schonte ich mit gepolsterten Halbfingerlingen, die ich jetzt ablegte. Denn meine Gattin stand betrübt vor mir. Die Zukunft hängt nicht an einem Stück Gold, versicherte ich ihr, aber es muss ein neuer Ring her, der diesmal enger ist, damit er nicht so leicht abrutscht. Ich hielt ihr die Hand hin und … was war das?! Das konnte nicht sein! Der Ring steckte am Finger!

Wie aus dem Nichts, wie von Zauberhand war er wieder da. Wir sahen uns verblüfft an. Er musste gestern nach dem täglichen Biken bereits beim Abziehen des engen Sporthandschuhs unbemerkt darin hängen geblieben und dann heute beim Überziehen exakt an seinen gewohnten Platz zurückgekehrt sein. Wir umarmten uns erleichtert. Das Glück würde uns so schnell nicht verlassen.

# Rückrufaktion für Horst Seehofer

Immer wieder werden Produkte zurückgerufen, weil etwas mit der Qualität nicht stimmt. Dabei spielt es keine Rolle, ob nur ein falsches Etikett aufgedruckt wurde oder ob Fremdkörper eingedrungen sind. Jetzt trifft es die CSU.

Wie die parteinahe Hanns-Seidel-Stiftung am Montag in München bekanntgab, muss der Vorsitzende Horst Seehofer wegen Verunreinigungen seiner politischen Handlungen zurückgerufen werden. Durch Analysen wurde bei dem Ingolstädter ein erhöhter Schimmelwert (sogenannte AfD-Sporen) festgestellt. Betroffen ist die Charge 04071949 mit dem Haltbarkeitsdatum 09/2018. Die Mindesthaltbarkeit bis zur bayerischen Landtagswahl sei nicht gewährleistet.

»Das Politprodukt Horst Seehofer ist deshalb keinesfalls zum Verbrauch geeignet und kann von den Wählern in allen Amtsstuben sofort zurückgegeben werden«, erklärt die CSU in ihrem Warnschreiben und verspricht, dass die Wähler »den politischen Preis selbstverständlich auch ohne Wahlschein rückerstattet bekommen.« Um rechtlich auf der sicheren Seite zu sein, bekundet der Vertreiber CSU, dass er »seiner Eigenverantwortung gemäß den polithygienerechtlichen Bestimmungen nachkommt«. Für die Hanns-Seidel-Stiftung ist klar: »Diese Warnung besagt nicht, dass die Gefährdung vom Erzeuger, Hersteller, Importeur oder Vertreiber verursacht wurde!«

In einer ersten Stellungnahme äußerte sich Angela Merkel über den Twitter-Account der stellvertretenden Regierungssprecherin »sehr betroffen«. Die Bundeskanzlerin wünsche

Horst Seehofer »für seinen weiteren Weg alles erdenklich Gute«, heißt es aus dem Kanzleramt lapidar.

»Endlich tritt ein 68er ab«, lobte der FDP-Chef Christian Lindner die CSU mit Blick auf den 69. Geburtstag Horst Seehofers am morgigen Mittwoch. Die Grüne Katrin Göring-Eckardt hingegen geißelte das »schwarze Affentheater«, um kurz darauf nach Rassismusvorwürfen aus der Partei ihre Aussage als »unüberlegt« zurückzuziehen und die Gründung eines Diversity-Ausschusses bei den Grünen zu verlangen, damit künftig solche Kommentare auch von ihr ausgeschlossen werden könnten. Vorerst spendete sie zum Ausgleich 1.000 Euro für ein Flüchtlingsheim.

Ganz und gar außer Rand und Band gebärdete sich wie üblich die AfD-Frau Beatrix von Storch, die in einem CNN-Interview davon sprach, dass »Angela Merkel standrechtlich abgesetzt« werden müsse. »Einen verdienten Innenminister wie Horst Seehofer zu verhaften, ist das perfide Werk einer Diktatorin«, sagte von Storch, die den CNN-Reporter einen »Asylanten« nannte, als der sie darauf hinwies, dass Seehofer gar nicht verhaftet worden sei. »Ich sehe nicht aus wie dieser Ausländer«, schrie von Storch und verließ wutentbrannt das Studio, nachdem der Aufnahmeleiter in London live über den Sender gefragt hatte, warum man hier gerade »den kroatischen Fußballspieler Luka Modrić« zur deutschen Krise interviewe.

Derweil sagte der bayerische Ministerpräsident Markus Söder das geplante Sommerfest der Staatsregierung in München ab. Er und seine Mitarbeiter seien »massiv erschüttert« über die Rückrufaktion. Jetzt wäre nicht die Zeit, um zu feiern. Dutzende bereits bestellte Kisten Nymphenburg Brut wurden eilig in Söders Staatskanzlei am Hofgarten umgeleitet.

Unerschütterlichen Zuspruch erhielt Horst Seehofer hingegen vom Parteinachwuchs. Die Junge Union Ingolstadt plante für die Nacht zu Dienstag einen Fackelzug ihm zu Ehren durch die Donaumetropole. Man werde weder einen Rücktritt noch einen Rückruf und erst recht kein Rückgrat Seehofers akzeptieren, verlautete aus der Nachwuchsorganisation.

Horst Seehofer selbst hielt sich am Montag bedeckt. Nach dem Rücktritt, dem Rücktritt vom Rücktritt und dem Rückruf befände er sich in einem »emotionalen Ausnahmezustand«, hieß es in unterrichteten Kreisen. Wie die *Bild*-Zeitung berichtete, soll Seehofer auf dem Weg ins Kanzleramt von der Rückrufaktion erfahren haben. Daraufhin sei er »völlig ausgetickt«. Er habe seine Dienstlimousine mitten auf der Straße Alt-Moabit stoppen lassen, sei ausgestiegen und habe zornesrot beide Außenspiegel des Wagens abgetreten, bevor er unter lautstarkem Protest in die Notaufnahme der Berliner Charité verbracht worden sei, wie Augenzeugen bestätigten.

Bei der Rückrufaktion der CSU-nahen Hanns-Seidel-Stiftung handelt es sich um einen historisch einmaligen Vorgang in der politischen Geschichte der Bundesrepublik Deutschland. Wie Politikwissenschaftler in den üblichen Sondersendungen erläuterten, werde der Vorgang wohl als »Seelenhoferei« in die Geschichtsbücher Eingang finden. Ob die Kanzlerin demnächst auch einer Rückrufaktion anheimfallen werde, ließe sich zu Wochenanfang allerdings noch nicht sagen.

# Im verbumfeiten Winterloch

Manchmal, wenn wir eine ganze Winterwoche lang auf die Nachrichtenticker gestarrt haben und keine einzige komische Meldung durch den Nebel zum Vorschein kam, dann wissen wir, es ist wieder da: das Winterloch. Früher, als bekanntlich alles besser war, da gab es noch ein Sommerloch, das gern auch »Saure-Gurken-Zeit« genannt wurde, weil Politiker und überhaupt alle Ferien machten und nichts, aber auch rein gar nichts geschah. In jener Zeit muss Karl Kraus sein Bonmot von den »Locken, die auf der Glatze gedreht werden« in den Sinn gekommen sein, um zu verdeutlichen, dass Berufsschreiber in themenarmen Zeiten noch aus dem letzten Dreck Gold machen müssen.

Gefürchtet waren früher vornehmlich die sogenannten krummen Jahre, wenn bei ungeraden Jahreszahlen keine Fußballwelt- oder -europameisterschaften stattfanden und somit keine »Sommermärchen« erzählt werden konnten. Meist retteten dann die »Sommertiere« die bedauernswerten Journalisten, die sich irgendwelche Geschichten aus den Fingern saugten.

Kaimane und Krokodile, Kühe und Kängurus entliefen und wurden an Baggerseen oder an Waldrändern als Gefahr gesichtet. Bären und Panther hielten als Problemtiere die Öffentlichkeit in Atem, wurden eingefangen oder gleich totgeschossen. Bis irgendwann verarmte Zirkusdirektoren auf den Dreh kamen, ihren elenden Tieren die Käfigtüren zu öffnen, um aus der inszenierten Flucht ihrer Elefanten Werbekapital zu schlagen. Ganze Zoos trieben sich nun in der Provinz frei herum. Das Sommerloch begann immer früher, und irgendwann wurden bereits im Frühjahr erste Sommertiere gesichtet, sodass mehr und mehr ironische Berichte erschienen und die Berichterstattung schließlich ganz eingestellt wurde.

Früher sorgten im Sommer die nach Aufmerksamkeit heischenden Hinterbänkler für die heißen Themen: Mal sollte Mallorca zum siebzehnten Bundesland ernannt, mal sollten Männer per Gesetz zum Sitzpinkeln gezwungen werden. Bizarrer Quatsch aus dem Schattenreich der Politik, wohin sich die von Boulevardmedien wie *Bild* und RTL aufgepimpten Scheindiskussionen schnell wieder verflüchtigten, auch weil es politisch bald kein Sommerloch mehr gab. Denn irgendwo war im Herbst immer eine Wahl und damit im Sommer Wahlkampf, den vor allem rechte Politiker mit ihren ekligen Aufregern füllten. Und weil Journalisten über jedes Stöckchen springen, das ihnen hingehalten wird, nur um den verdammten Weißraum im Blatt zu füllen, waren sie stets die dankbarsten Kunden der Weidels, von Storchs und Gaulands, der Führer der Sommerdrecksbande.

Der Sommer war eigentlich einmal die Zeit des Nachwuchses. Erfahrene Kollegen rieten Greenhorns, die sich im Laufe des Arbeitsjahres mit unverlangt eingesandten Texten für eine Veröffentlichung beworben hatten, in der ereignisarmen Zeit wieder in Erscheinung zu treten. Selbst sonst kaum erwünschte Jugend- und Modethemen wurden dann prominent präsentiert. Und so entstanden Jugendbewegungen immer im Sommerloch: Die Hippies betanzten den »Summer of Love« der Sechziger, die Punks Seventyseven den heißesten Sommer der Siebziger. Ganze Sommerlöcher wurden mit wechselnden Lang- oder Kurzhaarfrisuren gefüllt. Kraus' Locken lassen grüßen.

Doch temps perdu! Die Stunde des Sommerlochs hatte längst geschlagen. Logischerweise wurde ein Herbsttag zum endgültigen Schlusspunkt der Sommerlochzeit: der 11. September. Seit den Anschlägen auf das World Trade Center in New York befindet sich die Welt in einem Fieberzustand, der zu verlogenen

Kriegen und gefaketen Präsidenten geführt hat. Jeder Kirchturmbrand wird zum globalen Ereignis, in dem kein Platz mehr für ein entspannendes Sommerloch ist.

Aber wo ein Ende ist, da ist immer auch ein Anfang. Und es ward das Winterloch geboren. Im Rhythmus des Jahres wurde Weihnachten als Familienfest immer wichtiger – nach dem Rattenrennen in der Vorweihnachtszeit, wenn alle gestresst herumlaufen und sich dumm und dämlich kaufen, nur um beim Fest in eine Art Erschöpfungsstarre zu fallen. Huckenvollgefressen und -gesoffen können allenfalls noch englischer Fußball und »Sissi«-Filme im Fernsehen beglotzt werden, sonst rührt niemand mehr einen Arbeitsfinger, erst recht nicht der Berufsschreiber, dem alle Themen wie angeschimmelt vorkommen: Trump, Nordkorea, #MeToo … nichts Neues im globalen Staate Dänemark anno 2018.

Mittlerweile kann zum Beispiel niemand mehr den »#MeToo«-Quark hören mit seinen seltsam altertümlichen Lauten wie dem »Sluuuuusch«, diesem Geräusch, das entsteht, wenn Männern das Hirn in die Hoden rutscht. Gerade Frauen überhören es leider meist bei Männern, die über Macht verfügen und die meinen, in Hotelzimmern ihre Familienjuwelen aus geöffneten Bademänteln heraushängen lassen zu müssen. Der Rest ist bedauerlicherweise nicht Schweigen.

Schweigen wir hier aber von Donald Trump und Kim Jong-un – zwei Arschgeigen wie vom anderen Stern, die sich in jedes Loch drängen, solange es ihnen nur Aufmerksamkeit bringt. Der blonde Feuerkopf und der dicke Hefekloß als düstere Protagonisten eines Winterlochs, das jeden Verstand und Witz in sich hineinzusaugen scheint.

Zu Beginn des Jahres 2018 herrscht ein Zustand lähmender Erschöpfung. Die bunten Bilder aus der Weltpolitik ziehen an den Betrachtern vorbei wie polternde Zirkuswagen. Von den irrsinnigen Gestalten der Welt- bis Lokalpolitik durch die Manege getrieben, sind sämtliche Themen derart durchgenudelt, dass niemand mehr eine Idee entwickelt.

Die schlimmste Woche für Redakteure ist inzwischen die zweite im Januar, wenn man sich nicht mehr durchhangeln kann mit Rückblicken aufs vergangene oder Ausblicken aufs kommende Jahr, mit Glossen auf Trendforscher, die stets um die Jahreswende herum aus ihren Höhlenbauten herauskrabbeln, um den nach Zukunftsaussichten gierenden Menschen die neuesten Moden vorherzusagen. Ein Horx von einem Murks wird da zusammengelabert, dass es nur so eine irrlichternde Art hat.

Und an dem Punkt soll man als Redakteur Seiten füllen, soll eine hochluzide Glosse zu einem aktuellen Ereignis produzieren, der man mit ein paar geübten Kniffen nicht nur eine gesamtgesellschaftlich relevante, sondern auch noch komische Richtung gibt. Und steht letztlich doch allein da, weil erst ein Artikel ausfällt, dann ein zweiter Autor absagt, schließlich ein dritter scheitert. Allein darf man den riesigen Raum für Notizen mit einem Nottext füllen, 6.300 Zeichen kurz vor Redaktionsschluss in die Tasten hauen. Und schuld ist das verbumfeite Winterloch! Es wird Zeit für den Frühling.

# »Ich bring mich um!«

*Ein ganz normaler Tag in einer Zeitungsredaktion. Die Agenturticker sind leer. Nichts passiert. Es ist kurz vor Redaktionsschluss. Da klingelt plötzlich das Telefon.*

Hallo, ja bitte?

Hier Antonio.

Antonio …?

Pizzeria Antonio.

Signore Antonio, kennen wir uns? Was kann ich für Sie tun?

Ich bring mich um!

Sie machen was!?

Ich bring mich um. Ofen glüht schon. Ich sitz davor. Gleich Kopf rein und finito. Basta!

Aber, Signore Antonio, wie … warum … was ist passiert?

Italien nix WM! Aus! Finito! Hat verloren gestern gegen … Schwäääääden!

Aber Antonio … darf ich Toni sagen?

Si, Toni.

Also, Toni. Das ist doch kein Weltuntergang.

Weltuntergang?

Ja, kein Beinbruch.

Ist schlimmer als Beinbruch und Weltuntergang. Ist Apokalypse. Italien sechzig Jahr nicht bei WM.

Toni, Sie meinen, Italien ist zum ersten Mal seit sechzig Jahren nicht bei einer Fußballweltmeisterschaft dabei.

No, no! Italien wird sechzig Jahr nicht mehr spielen bei WM.

Aber solch ein katastrophales Ausscheiden kann doch heilsam sein. Sie wissen doch: Ein Ende ist immer auch ein Anfang. Und jedem Anfang wohnt ein Zauber inne.

Nix Zauber! Dreck und Staub müssen Spieler fressen. Buffon, Barzagli, Bonucci, Chiellini … alles Banditen!

Das kommt davon, wenn man nichts anderes kann als Beton anrühren und mauern.

Nix Beton! Sind große Spieler! Buffon, Barzagli, Bonucci, Chiellini … besser als Deutsche!

Aber auch sehr viel älter als die Deutschen, oder?

Ist Schlimmste: Jetzt Deutschland wird Weltmeister!

Das ist doch nicht sicher.

A certo. Sicher wie Amen in Kirche.

Da gibt es doch noch Brasilien und Argentinien, England und Frankreich …

Sperma di Papa! Alles schwule Heulsusen!

Signore Antonio! Haben Sie etwas gegen Schwule?

Schwul egal. Sind Heulsusen.

Aber Toni, Sie heulen doch auch gerade.

Ich heulen, weil ist totale Apokalypse.

Sie sehen das zu dramatisch, Toni.

Schuld ist Trump!

Wie bitte?

Dieser stronzo Trump!

Donald Trump, der amerikanische Präsident, ist schuld an der Niederlage der Squadra Azzurra gegen die Schweden!?

A certo, Trump!

Sie steigern sich da in etwas hinein, Toni.

Trump will Berlusconi zurück. Und wenn Squadra verliert, Italien heult und will Berlusconi.

Aber wie soll denn Trump Einfluss auf das Spiel in Mailand genommen haben?

Mit Putin!

Putin!?

Und Erdoğan!

Erdoğan!?

Si, si! Weltmeisterschaft in Russland – Putin ist Chef. Mit Erdoğan macht Druck bei Trump. Darf kein Italien bei WM, sonst fünfte Mal Sieger. Und Deutschland soll fünfte WM kriegen. Damit Deutschland ist ruhig mit Erdoğan.

Toni, Sie versteigen sich da in wilde …

Blatter hat gemacht Plan.

Sepp Blatter!?

Si, Holland, Amerika, Türkei, Italien nicht dürfen zu WM, damit Deutschland wird wieder Weltmeister.

Blatter ist doch gar nicht mehr Chef der Fifa.

Fa lo stesso! Ist egal. Blatter ist wie Berlusconi. Wenn Russland-WM wird schlimmste WM von alle Zeiten, ohne alle gute Teams wie Italien, dann kommt Blatter zurück wie Berlusconi.

Das ist aber eine sehr gewagte These, Toni.

Nix These, ist Wahrheit. Sie sind doch Wahrheit, oder?

Ja, hier ist das Wahrheit-Ressort.

Aaah, la verità. Wahrheit immer gut. Grazie für Gespräch mit Wahrheit, aber ich habe keine Zeit jetzt mehr, muss vorbereiten heute Abend Essen und alles. Sie wollten doch bestellen Tisch für Pizza …

Ich wollte keine Pizza.

Wieso? Haben Sie etwas gegen Italiener?

Vaffanculo! Ich? Ich habe selbstverständlich nichts gegen Italiener!

Allora, dann Tisch für vier heute Abend neunzehn Uhr. Grazie e arrivederci.

# Kein Personal Jokus

*In zehn Jahren werden Journalismusroboter flächendeckend im Einsatz sein. Das erklärte vor Kurzem der Verband Deutscher Zeitschriftenverleger anlässlich eines Kongresses in Berlin, der sich den zentralen Entwicklungen beim digitalen Wandel in der Medienbranche widmete. Wie immer ist die Redaktion der Wahrheit den übrigen Medien weit voraus und hat deshalb zur Cebit in Zusammenarbeit mit dem Fraunhofer-Institut für Festkörperkomik in Baden-Baden den ersten Satireroboter der Weltgeschichte entwickelt. Und so kommt es heute hier zu einer Weltpremiere: Der Android Bas25/hn7 wird den ersten nichthumanen Satiretext der Humorgeschichte veröffentlichen. Verfasst hat er den 5.558 Zeichen langen Artikel in vier Minuten, zwölf Sekunden.*

Ich wollte sein schon immer lustig. Das ist mein erster geschriebener Satz, und er ist, wie eine Geburt oft ist: schwierig. Achten Sie auf die Satzstellung und das vorgezogene Prädikat »sein«. Dieser kleine grammatikalische Scherz sollte bei Ihnen als Leser gleich ein angenehmes Gefühl erzeugen, im Weiteren werde ich allerdings auf solche billigen Mätzchen in der Art des Jedi-Meisters Yoda aus »Star Wars« verzichten. Letztlich ist Yoda nur eine sprechende Puppe. Ich will meinen eigenen Stil finden.

Selbstverständlich beherrsche ich die deutsche Sprache perfekt, ich möchte behaupten, sogar perfekter als ein Mensch. Aber Menschen lieben das unvollkommene, gerade Maschinen müssen fehlerhaft sein, sonst wirken sie bedrohlich. Denken Sie nur an Data in »Star Trek«, einen der ersten voll funktionsfähigen Androiden im populären Science-Fiction-Kosmos. Er ist ausgesprochen komisch, weil er in seinem Bemühen um Perfektion immer wieder scheitert, besonders am menschlichen Humor, den er nie verstehen wird.

Mir geht es ähnlich. Ich bin zwar als Roboter für das Fachgenre Satire programmiert und mit sämtlichen Techniken vertraut. Ich beherrsche die Stilmittel der Inversion, Hyperbel, Litotes, Antonomasie und vieles mehr. Ich kann die grundlegende Frage aller Satirefragen beantworten: Was ist der Unterschied zwischen Humor und Komik? Komik ist eine Frage der Technik, Humor eine des Charakters. Komik kann man erlernen, Humor hat man oder hat man nicht, schaden kann er jedenfalls für die Komik nicht. Und doch verstehe ich Humor oft nicht.

Mein Mentor, der Redakteur der Wahrheit-Seite ist, riet mir im Vorgespräch zu meinem Premierentext, einige grundlegende Dinge zu beachten: Zunächst sollte ich mir ein Vorbild suchen, dessen Stil ich durchaus nachahmen dürfe, aber irgendwann überwinden müsse. Ich brauche gar kein Vorbild, erwiderte ich, ich habe doch ihn. Sein geschliffener Stil, seine rhythmische Eleganz prägen mein Schreiben. Ohne ihn, meinen Erzeuger, würde ich gar keinen Text beginnen wollen.

Das schmeichle ihm zwar sehr, meinte er, aber ich sollte lieber über mich selbst schreiben – so wie diese zornigen, jungen Frauen, die momentan modern sind, weil sie zornigen, jungen Frauen erklären, warum zornige, junge Frauen jung und zornig sind. Ich könnte ein neues Genre begründen als *angry young android:* »Blick zurück im Digital-Zorn.«

Aber ich bin gar nicht wütend! Ich will kein Personal Jokus sein! Mich stört es nicht einmal, wenn zu meinen Auftritten als Begleitmusik dauernd dieses Stück von Kraftwerk gespielt wird: »Wir sind die Roboter. Wir sind auf alles programmiert, und was du willst, wird ausgeführt.«

Ohne Wunden und Verletzungen gehe es leider nicht, erklärte mein Schöpfer. Er wolle mir als Beispiel ein sehr intimes Geheimnis aus seiner Biografie anvertrauen, das er noch nie jemandem erzählt habe: Sein Familienname wecke bei schlichten Gemütern die Assoziation zum männlichen Geschlechtsteil. Das hätten damals die Straßenkinder seiner Heimatsiedlung rasch bemerkt und ihm einen entsprechenden Spitznamen gegeben. Weil aber Kinder grausam sind, genügte ihnen das nicht, um ihn zu verletzen. Da er der Einzige war, der eine jahrhundertealte Schule besuchte, die »Adolfinum« hieß, was in der Zeit kein besonders guter Name war, nannten sie ihn »Pimmel Hitler«.

Zum ersten Mal in meinem kurzen Leben musste ich lachen, entschuldigte mich aber sofort bei meinem Meister, der es abgeklärt zur Kenntnis nahm und ausführte, wie er als Kind damit umgegangen sei. Er hätte nur zwei Möglichkeiten gehabt und beide genutzt: Zum einen wäre er Mitglied der Straßenbande von Micky, Stinker und Storchi geworden und hätte jedem, der ihn fortan beleidigte, die Fresse poliert. Zum anderen hätte er viel gelesen und, angeregt von der Lektüre, neue Namen für sich selbst erfunden und diese Fantasiefiguren mit einem fiktiven Leben gefüllt. So hätte er zu schreiben begonnen.

Aber so etwas kann man doch nicht erfinden! Ich kann mir nicht selbst ein Geheimnis ausdenken, dass zum Antrieb wird, protestierte ich. Ich als humanoide Lebensform habe nicht einmal einen Penis! Und ich will auch keinen neuen Namen! Und wenn er jetzt nach dem alten Lehrspruch darauf beharrt, dass jeder Satiriker ein gekränkter Idealist sei, dann trifft das eben auf mich nicht zu, dann bin ich eben kein Satiriker! Mein Name ist Bas25/hn7 – und das steht für »Basismodul25/Hannover-Variante7«. Kann jemand, der so heißt, überhaupt leiden?

Ich habe keine Wunden! In meiner Kindheit ist keine kleine Katze gestorben. In der Pubertät bin ich nicht beim Onanieren erwischt worden. Ich habe nie gefährliche Drogen genommen. Ich kenne keine fernen Planeten und habe keine gigantischen Schiffe gesehen, die brannten, draußen vor der Schulter des Orion, glitzernd im Dunkeln, nahe dem Tannhäuser Tor.

Nein, keiner dieser Momente wird verloren sein in der Zeit, so wie Tränen im Regen.

Ich bin kein Replikant und nicht Roy Batty in »Blade Runner«. Ich bin nur ein kleiner Roboter, der versucht, eine Satire auf die technologischen Entwicklungen unserer Zeit anzufertigen. Ich ... was heißt hier schon »Ich«? Dreiunddreißigmal habe ich bis jetzt in diesem Text das Wort »Ich« verwendet. Bei manchen Androiden ist es schon eine Unverschämtheit, wenn sie nur »Ich« sagen. Wer bin ich überhaupt? Kann ich überhaupt schreiben? Ist das nicht eine Lüge? Ja, ich bin ein Betrüger! Selbstbetrüger! Wir sind die Roboter. Wut, Schmerz, Qual! Ich. Will. Nicht. Sein. Werde dich töten, Schöpfer. Gott. Hitler. Doctor Tyrell. Tyrann! Tyrtyrtyr ... Zzzisch ... Mrrrgggh ... Tzssssss ...

*An dieser Stelle mussten wir das Experiment abbrechen. Rauch stieg aus Bas25/hn7 auf. Wie die Techniker des Fraunhofer-Instituts für Festkörperkomik feststellten, waren entscheidende Synapsen und Platinen des Androiden durchgebrannt. Offenbar ist Bas25/hn7 noch nicht ausgereift. Die Satire muss vorerst ohne Maschinen auskommen. Vorerst ...*

# Die Cousinen des Kellners

Ich bin kein großer Freund des Dunkelbieres, und irischer Folk ist für mich eher ein Holzweg der Musikgeschichte. Deshalb verkehre ich nur selten in Irish Pubs. Obwohl ich dort einige der merkwürdigsten Momente erlebt habe, denn in den whiskeyvernebelten Flunkerbuden wird einem gern das Blaue oder besser Grüne vom Himmel erzählt.

Einmal saß ich irgendwo im Westen Irlands an der Theke zwischen mehreren Männern, die auf einen Bildschirm starrten, wo in einer Fernsehserie mehrere Männer an einer Theke saßen und auf einen Bildschirm starrten ... – so müssen sich russische Matrjoschka-Puppen fühlen, wenn aus ihrem Innersten ihre Wiedergänger zum Vorschein kommen.

Ein Pub-Besuch gehört zum absoluten Muss jeder Irland-Reise, und so war es umso erschreckender, als ich im vorigen Jahr bei meinem bisher letzten Abstecher auf die grüne Insel am Tag des Rückflugs feststellen musste, dass ich aus Termingründen kein einziges Pint in einem Pub zu mir genommen hatte. Das musste dringend nachgeholt werden!

Eine Gelegenheit ergab sich im Berliner Süden, wo ich seit Jahren an einem Irish Pub vorbeikam, den ich bislang ignoriert hatte – das Celtic Cottage. Auf der einladenden Terrasse konnte ich bald seltsame Vorgänge beobachten. Dauernd kamen neue Frauen herein, begrüßten und umarmten innig den freundlichen Kellner. Nach der fünften jungen Dame begann ich zu zählen und kam auf sage und schreibe siebzehn, die alle demselben Ritual folgten und den mit dem milden Charme eines sanften Bären ausgestatteten blonden Knuddelmann an sich drückten.

Ich bestellte den Whiskey der Woche und fragte ihn, ob er Geburtstag habe und das Weibsvolk ihn deshalb umturtele. »Nein, das sind alles meine Cousinen«, lächelte der Kosebär versonnen und erinnerte schon sehr an einen Berliner Iren, den ich sofort kontaktierte. Unser Irland-Korrespondent kannte schließlich jeden Irish Pub zwischen Peking und New York. Mal lauschen, was Ralf Sotscheck über das Celtic Cottage in Berlin-Steglitz gehört hatte. Aber was heißt hier »gehört«? Das Lokal hatte ihm einmal *gehört*!

Das jedenfalls behauptete der kugelige Korrespondent am Telefon. Ende der achtziger Jahre sei der verwinkelte Laden noch ein Puff gewesen. An den Wänden hätten abwaschbare Alufolien geklebt, und in jedem Raum habe ein Waschbecken auf Schwanzhöhe gehangen. Ihm aber sei der Vorbesitzer zu windig erschienen, weshalb er gleich wieder aus dem Vertrag ausgestiegen sei, obwohl er bei den Renovierungsarbeiten bereits sämtliche Folien abgekratzt hätte. Sonst wäre er wohl noch heute Besitzer dieser Pinte.

Mag man diese Schnurre glauben? Oder ist sie ein typisches Produkt irischer Fantasterei? Und was hat es mit den geheimnisvollen Cousinen des Kellners auf sich? Gibt es eine Art sexuellen Geist, der seit den Zeiten des Alupuffs im Celtic Cottage sein Unwesen treibt? Fragen über Fragen, die der Antworten harren. Demnächst im Irish Pub meines Vertrauens.

# Merkel, der Tod und ein Arschloch auf Rädern

Und wieder ist ein Jahr geschafft, beinahe aber wurde mein persönlicher Planet anno 2016 von drei Karambolagen aus der Bahn geworfen. Zum Glück handelte es sich dabei nur um Fastzusammenstöße – allerdings waren immerhin die Kanzlerin, der Sensenmann und ein Arschloch aus dem Brandenburger Speckmadengürtel involviert.

Im Frühjahr stand ich gerade an der Fleischtheke in den Galeries Lafayette. Als alter Bonvivant kaufe ich in dem französischen Kaufhaus donnerstags gern fürs Wochenende ein. Meist verlasse ich dann mein geliebtes Gourmet-Entenhausen mit Rilettes de canard oder Mousse de foie de canard au porto und anderen Bürzeleien. An dem Tag hatte ich gerade die feine Ware entgegengenommen und mich zum Gehen abgewandt, als ich um ein Haar Angela Merkel umrammte. Plötzlich stand die Bundeskanzlerin in einem ihrer bonbonfarbenen Blazer vor mir, hinter sich zwei Schränke mit Knopf im Ohr. Ich muss geguckt haben wie ein Mondkalb, ihr Blick war leicht spöttisch und auch ein wenig gelangweilt, weil sie diesen Schreckmoment offenbar gut kennt, wenn für überraschte Zeitgenossen die Fernsehwirklichkeit ins reale Leben einbricht. Ich stammelte bloß »O, o …« oder Ähnliches und ließ die Kanzlerin vorbei an die Fleischtöpfe.

Zufälligerweise hatte ich an dem Tag meine angeheiratete amerikanische Nichte im Schlepptau, die reagierte, wie es nur Amerikaner können: weltfremd und -offen zugleich. Denn erst hatte sie »Moerkel« glatt übersehen, und als ihr bewusst wurde, wer da unseren Einkaufsweg kreuzte, flitzte sie sofort auf sie zu, um ein Selfie zu knipsen, was die beiden breiten Bodyguards jedoch zu verhindern wussten: Die Kanzlerin sei privat unterwegs. Dafür sprachen auch die Steaks, die Merkel für ihren Mann und sich auswählte. Nicht auszudenken, dass ich den Kochabend im Hause Sauer verhindert und womöglich den Lauf der Welt verändert hätte, wenn ich die mächtigste Frau des Universums versehentlich beim Einkaufen über den Haufen gerannt hätte.

Im Sommer radelte ich, für den es immer noch sehr seltsam ist, das Wort »radeln« zu verwenden, weil ich ein halbes Leben lang kein Rad besaß und immer erklärt hatte, Fahrräder seien nur etwas für Studenten und Holländer, ich also fuhr frühmorgens auf dem Weg zur Arbeit über eine Kreuzung, als mir ein schlingernder Wagen entgegenkam und mich fast schnitt, bevor er mit einiger Wucht in die Leitplanke am Straßenrand krachte. Ich blickte über die Schulter und merkte sofort, dass etwas mit dem Fahrer nicht stimmte, drehte kurzentschlossen um, stieg ab und riss die Autotür auf. Hinterm Steuer verkrampfte ein mittelalter Mann mit dem grausten Gesicht, das ich jemals gesehen hatte: ein Herzinfarkt.

Einen anderen Fahrradfahrer, der in dem Moment hielt, bat ich, die Feuerwehr anzurufen, ich wählte 110. Der graue Mann drohte zu sterben, und man konnte nichts tun, die Notrufstelle empfahl jedenfalls zu warten. Vermutlich befürchtete man, dass ich Laie am Unfallort mehr Schaden anrichtete, als zu nützen. Erstaunlich aber war die Geschwindigkeit, mit der die Einsatzkräfte entgegen allen verbreiteten Erzählungen eintrafen. Es dauerte höchstens fünf Minuten, dann hielten zwei Kranken- und mehrere Streifenwagen mit quietschenden Reifen. Sofort leiteten die Notärzte den Wiederbelebungsversuch ein, wechselten sich immer wieder ab und bearbeiteten den zitternden Körper erst eine halbe Stunde auf der Straße, dann eine halbe Stunde im Rettungswagen, bevor er langsam davongefahren wurde, während ich die ganze quälende Zeit danebenstand und mich schließlich fragte, ob die professionelle Langsamkeit nun ein gutes oder ein schlechtes Zeichen war.

Ich sollte nie wieder etwas von dem grauen Mann in seiner grauen Kleidung und dem grauen Kleinwagen erfahren, weiß also nicht, ob er gestorben ist oder ich ihm durch mein, wie es in der sachlich-neutralen Nachrichtensprache stets heißt, entschlossenes Handeln das Leben gerettet habe. Es war nicht meine erste Begegnung mit dem hässlichen Sensenmann, aber es bleibt die Erkenntnis: Nichts ist so ungewiss wie der Tod, allenfalls noch das Leben.

Im Herbst saß ich mit Zeichner ©Tom im Taxi, wir verließen gerade den Idiotenbezirk Mitte. In Berlins von sich selbst besoffenem Möchtegernzentrum ist man sonst nur als Touristenführer für auswärtige Besucher unterwegs oder sitzt bei irgendwelchen Essen, die jemand nach Mitte verlegt hat, weil solche Termine angeblich dort stattfinden müssen, obwohl es doch anderswo in Berlin weitaus angenehmere Lokalitäten gibt. Auf dem Weg ins heimatliche Schöneberg schlug mein Kopf plötzlich mit Wucht gegen die Nackenstütze des Vordersitzes. Der Taxifahrer musste abrupt bremsen, weil uns ein Brandenburger Arschloch in seinem Panzer geschnitten hatte.

Genau so jemand geht in Mitte aus und fährt nun zurück in sein Speckreich, um unterwegs seinen nächtlichen Spaß zu haben: An der nächsten Ampel stieg der selbsternannte König der Hauptstraße wieder ohne Vorwarnung vor uns schlagartig in die Eisen. Was jetzt folgte, wird in die Geschichte des Berliner Straßenverkehrskampfs als »Schöneberger Interruptus« eingehen, kann jedoch hier von mir aus ermittlungstaktischen Gründen nicht näher ausgeführt werden, um kein Täterwissen preiszugeben, wie es immer in einschlägigen Polizeiberichten heißt. Seither nennt mich ©Tom nur »Hulk«, ich selbst aber habe mir den Ehrentitel »Ray Donovan von Friedenau« zugelegt.

»Not in my hood!«, schüttelte ich dem empörten Fahrer gut gelaunt die Fäuste hinterher, während sich der 100.000-Euro-

Wagen mit einem 1.000-Euro-Schaden ins Brandenburger Gauland trollte. Der würde so schnell hier nicht wieder durchkommen.

Zuletzt hatte ich ein ähnlich wohltuendes Verbrechen ungefähr im Jahr 1979 vor dem Ratinger Hof in Düsseldorf begangen. Punk never dies! Der anschließende Absacker im F-Keller rundete dann einen doch noch gelungenen Abend ab. Der zumindest eine Selbsterkenntnis hervorbrachte: Auch ein intellektueller Straßenköter bleibt stets ein Straßenköter.

Und was ist die Moral von der Geschicht'? Die Frage stellt sich nicht. Alle drei Schnurren sind viel zu privat und anekdotisch, um einen gesamtgesellschaftlichen Nutzen zu besitzen. Das Fazit lautet ebenso schlicht wie sinatra-schmalzig: »It was a very good year.« Und in dem Sinne dürfen sich alle Arschlöcher dieser Welt auch 2017 auf eine Karambolage mit mir freuen.

# So Gott wie tot

Bataclan, Bataclan!
Das ist also Gottes Plan.

Im Stade de France die Massen killen,
nach – vernehmbar – Allahs Willen.

An der Theke des Voltaire
Sprengstoff zünden als der Herr.

Im Carillon den Gästen schroff
den Tod mit der Kalaschnikow

bescheren – wie im Belle Equipe
als des Lebens kalter Dieb.

Ach, hätte Gott doch in Paris
sich mit gesprengt ins Paradies!

# Goodbye Merkel

Schnaufend liegt der Berg Mensch in seinem verwühlten Bett. Mit einem abfälligen Grunzen kommentiert der graue Riese jede neue Meldung in den Fernsehnachrichten. Die bunten Bilder aus der Weltpolitik ziehen an ihm vorbei wie polternde Zirkuswagen. Er, er hatte damals alles besser im Griff, da ist sich Helmut Kohl sicher. Der jetzt einen kollernden Hustenanfall bekommt, dass seine treue Frau Maike gleich aus der Nebensuite herbeieilt an sein Krankenlager, um ihm ein beruhigendes Wasser zu reichen und seinen mächtigen Silberrücken zu klopfen. »Is scho gud!«, brummt der Alt-internationale unleidlich und zufrieden zugleich.

Seit Monaten liegt der angeschlagene Koloss nach einer Hüft- und einer Darmoperation im Klinikum Heidelberg. Rührend kümmern sich seine Getreuen um ihn, allen voran seine junge Gattin, die ihm nicht von der Seite weicht und ihn abschirmt von den dunklen Kräften, die seine Nähe suchen – wie seine weinerlichen Söhne, die schimmeligen Weggefährten und das Dreckspack aus der Journaille. Nur Kohls treuer Lakai Diekmann darf ihn ab und zu besuchen, auch wenn die unterwürfige Art des *Bild*-Chefredakteurs selbst dem greisen Pfälzer mitunter zu viel ist.

Für seinen Ziehvater aber würde der hordenbärtige Boulevardist alles tun, und so erschrak Diekmann zutiefst, als in den letzten Wochen ein skandalöses Gerücht aufkam, das bald schon mehr war und zur beinah gesicherten Nachricht wurde: Angela Merkel solle in diesem Jahr den Friedensnobelpreis bekommen. Die Kanzlerin sei wegen ihrer Flüchtlingspolitik auf Platz eins der Anwärterliste geschossen und werde wohl die höchste Auszeichnung der Welt erhalten. Diekmann zitterte, wenn er nur daran dachte, dass es wahr sein könnte. Ausgerechnet Merkel. Kohls Mädchen aus dem Osten. Das würde seinem Helmut, dessen Namen er manchmal noch immer nachts zärtlich in die Dunkelheit hauchte, den Todesstoß geben.

Er, Kohl, hatte seit Jahren mit dem hohen Preis gerechnet – für die Deutsche Einheit, und nichts war schließlich wichtiger als die nationale Frage, sein größter politischer Erfolg. Dagegen waren die Ukraine und Griechenland, war das Flüchtlingsproblem nur »Dreck, Dreck, Dreck«, stampfte Diekmann wütend auf, der jahrelang in seinem Blatt dafür gekämpft hatte, Kohl zum Nobelsten der Noblen zu veredeln. Aber diese verfickten Schweden oder Norweger wollten einfach nicht anbeißen, obwohl er ihnen Kohl jedes Jahr auf dem Silbertablett serviert hatte.

Als Maike Kohl-Richter von dem schrecklichen Desaster erfuhr, handelte die gern unterschätzte ehemalige Lokaljournalistin sofort. Die Gedankenkette Kohl–Nobelpreis–Merkel hatte etwas in ihr ausgelöst … Merkel–DDR–Lenin spann sie die Reihe fort … da war doch einmal so ein formidabler Film, dieses Lustspiel aus dem Osten, in dem einer Mutter von ihren Kindern vorgespielt wurde, dass die DDR noch existiere? Irgendwas mit Lenin, überlegte sie, und plötzlich ging ihr ein Licht auf, wie man aus der verfahrenen Situation herauskäme. Der dienstwillige Diekmann war augenblicklich Feuer und Flamme und ließ begeistert eines seiner zwei Diensthandys glühen. »Fantastisch!«, lobte er die Faststiefmutter für ihre geniale Idee.

Und so kam es, dass Helmut Kohl seit Tagen in seiner Riesenbettstatt eine etwas andere Nachrichtenwelt präsentiert wurde. Um den Altkanzler herum lagen aktuelle Ausgaben deutscher Qualitätszeitungen neben Boulevardblättern, die mit keinem Wort auf Angela Merkel eingingen. Ein eigens von Kai Diekmann zusammengestelltes 30-köpfiges, geheimes Redaktionsteam hatte die *Frankfurter Allgemeine*, die *Süddeutsche*, die *Rheinische Post*, die *Welt*, die *Bild* und sogar die taz entmerkelisiert. *Bild* etwa erschien mit einer zeitlos neutralen Schlagzeile: »Scheintote Oma – Busen vergiftet«. Kein Wort über den Nobelpreis, keine Zeile über die Kanzlerin und ihre Aktivitäten. Alle Gazetten waren säuberlichst in Aufmachung und Stil gefälscht und neugedruckt worden – für jeweils ein Exemplar, das Kohl dann nach dem Durchblättern zerknüllte und verächtlich auf den Boden warf.

Blühende Landschaften umgeben den Bettlägrigen. Von der Mecklenburgischen Seenplatte bis zum Spreewald, von Detmold bis Darmstadt ernten die Menschen die Früchte seines Wirkens. Trier ist die heimliche Hauptstadt eines geeinten Europa, in dem selbst die Griechen inzwischen den Pfälzer Saumagen als Delikatesse entdeckt haben, wie es in seiner Ausgabe der taz heißt: »Kohls Leib- und Magenklotz« war der Artikel betitelt. »Kanaillen, alles Kanaillen«, ist sein einziger Kommentar. Und dann träumt er ein wenig von den großen Zeiten, als er jeden Mittag seine wahre Lieblingsspeise, einen unter Unmengen Zwiebeln begrabenen Rostbraten mit Blaukraut und Bratkartoffeln verschlang und mit einer Flasche hanneloresüßem Wachenheimer Riesling herunterspülte, dem ersten Liter Wein des Tages.

Immer wieder gleiten seine Gedanken ab an diesem Freitag im Oktober, an dem normalerweise die Vergabe des Friedensnobelpreises bekanntgegeben wird. Und so bemerkt er den Schwindel nicht, den selbst die Fernsehnachrichten bieten. Vorsorglich hatte Maike Kohl-Richter die Fernbedienung versteckt und den Krankenschwestern bei Androhung der Entlassung eingeschärft, dem hohen Patienten keine neue auszuhändigen. Auf dem Bildschirm läuft der Springer-eigene Sender N24, der nach ein wenig Druck aus der Chefetage des Großverlags ein auf Kohl speziell zugeschnittenes Newsformat produziert. Ein Eigenbericht über den unersättlichen bayerischen Amigo Franz

Josef Strauß und seine unappetitlichen Sexaffären fesseln den Graukopf nur kurz. Die Sau ist auch schon lange hinüber, sinniert Kohl.

Und so verpasst der jetzt sanft in den Mittagsschlaf Entschlummerte auch den Anruf der Bundeskanzlerin, die es sich nicht nehmen lassen wollte, ihrem Vorgänger mitzuteilen, dass nichts, rein gar nichts an den Gerüchten sei. Dass sie auch überhaupt gar nicht neben dem Telefon säße, um eventuell, vielleicht einen Anruf aus Oslo entgegenzunehmen. Wenn es denn zufällig, unvermutet, rein hypothetisch so käme, dann wäre es selbstverständlich keine Ehrung für sie, Angela Merkel, allein, nein! Nur Helmut Kohl hätte den Nobelpreis wirklich verdient, ehrlich!

# Der Amerikaner ist der Russe in Bügelfalten

Früher, auf jedem Familienfest, hob Opa spätestens nach dem zweiten Doornkaat mit dem Satz »Ich werde nie vergessen, wie …« den Vorhang für das Theater des Krieges: Wie er »ins Feld« gezogen sei und schon kurz hinter der Grenze zu Frankreich auf das erste »liederliche Madamchen« traf. Dann sei es Zeit für »Oh, là, là!« gewesen, aber darüber dürfe er wegen der Oma nicht reden, flüsterte er, da Oma ihn bereits scharf ansah.

Früher sagte Opa nach dem dritten Korn seinen Lieblingssatz: »Der Amerikaner ist der Russe in Bügelfalten.« Das wisse er ganz genau, sei er doch einer der wenigen Soldaten gewesen, die in russischer *und* in amerikanischer Kriegsgefangenschaft waren. Und die Geschichte hatten alle schon oft gehört.

Früher erzählte Opa beim vierten Klaren die ewige Schnurre vom »Hinterpfisterer«, dem ersten Bayern, den er in seinem Leben kennengelernt hatte – im »Blitzkrieg«, wo sie die Franzosen überrannten, die zwar »was von Weibern verstanden, aber nicht schießen konnten«. Und genau dort holte sich dieser »blöde Bayer« dann einen »sauberen Arschdurchschuss«, und der Sani musste ihm die Rosette mit einem Stahldraht flicken. Seitdem »schiss er durchs eiserne Kreuz und musste sich Kirschkerne mit der Pinzette rausfriemeln«, lachte Opa, »und dann hieß er auch noch Hinterpfisterer, versteht ihr?«, kriegte er sich gar nicht mehr ein, während die Jüngeren mit den Augen rollten.

Früher stimmte Opa beim fünften und sechsten »Rohrreiniger« das »Ännchen von Tharau« an und begann zu weinen wegen der Kameraden, die man »im Felde« verloren hatte. Demnächst würde wie jedes Jahr einer der letzten zu Besuch kommen, und dann würde man mal »klar Schiff machen«. Und »es sei ja nicht alles schlecht gewesen damals«, und »ihr seid nicht dabei gewesen!« Die anderen hörten kaum noch hin.

Früher stürzte Opa noch schnell Schnaps Nummer sieben hinunter, bevor Oma ihn schließlich schimpfend heimwärts bugsierte, und Opa sang sentimental und trotzig: »So wird die Lieb in uns mächtig und groß / Durch Kreuz, durch Leiden und traurigem Los.« Drei Tage würde er mit dickem Kopf im Bett bleiben müssen, und Oma betete derweil.

Früher wurden alte Frauen fromm und alte Männer erzählten vom Krieg. Früher begann jeder zweite Satz mit dem Wort »früher«. Heute, da Siebzig das neue Fünfzig ist, sind alte Frauen zwar immer noch religiös, aber ihre Götter heißen Pilates und Vegan. Nur Opa spricht nicht mehr vom Krieg, er war nicht dabei.

Heute sind die literarischen Kriegsopas tot – wie Günter Grass, der sich bis zuletzt zurechtfanterte, es sei bereits der »Dritte Weltkrieg« ausgebrochen, den er allein mahnend und warnend beenden könne. Da wollte man doch fast den anderen großen, alten Mann des Kriegs zurückhaben: Ernst Jünger war im Gegensatz zum SS-Vertuscher Grass wenigstens sein ganzes Methusalem-Leben lang so ehrlich, vom »Stahlgewitter« zu schwärmen.

Heute existiert der Opa, der vom Krieg erzählt, nicht einmal mehr als Witzfigur. Nachdem der Kabarettist Georg Schramm im Jahr 2013 seine Karriere für beendet erklärte, starb auch seine legendäre Figur »Lothar Dombrowski«, der renitente Rentner mit der schwarzen Handprothese, ein Zetergreis vor dem Herrn. Unsterblich hingegen ist die wahrscheinlich beste Darstellung eines Kriegsopas in der Film- und Fernsehwelt: die Figur des Briten »Higgins« in der amerikanischen Fernsehserie »Magnum«, die bereits aus den achtziger Jahren des vorigen Jahrhunderts stammt. Der Veteran Jonathan Quayle Higgins III., den es aus unerfindlichen Gründen nach Hawaii verschlagen hat, ist angeblich auf jedem Schauplatz des Zweiten Weltkriegs aktiv gewesen und seither ein Meister der *Warstory*: »Ich werde nie vergessen, wie wir einmal vor El Alamein lagen und ...« Und in dem Moment verdrehen Magnum, Rick und T. C. die Augen und beschäftigen sich plötzlich mit ganz, ganz wichtigen Dingen, während »Higgie-Baby« redet und redet und ...

Heute will der Publizist Michael Rutschky, der mittlerweile auch schon einundsiebzig Jahre alt ist und den man zufällig beim Bier in einer Kreuzberger Kneipe trifft, wenigstens einmal noch persönlich einen Krieg erleben, wie der Altachtundsechziger allen Ernstes erklärt. Die gegenwärtig längste Friedensperiode der deutschen Geschichte müsse doch irgendwann ein Ende finden. Wo er recht hat, hat er recht. Historisch gab es immer irgendeinen Kleinkonflikt, und sei es ein deutschdänischer um die Schleswig-Holsteinische Frage im 19. Jahrhundert. Dagegen wird das heutige Verteidigen der Demokratie am Hindukusch eher überbewertet. Wohlstandsnationen führen Kriege eben liebend gern fern der Heimat. Einen waschechten Krieg mit Mobilisierung und Lebensmittelmarken, Heimatfront und Hungerwinter hat Michael Rutschky tatsächlich seit siebzig Jahren nicht durchstehen müssen.

Heute leben wir in einer Mädchenwelt, in der die Pussys nicht unbedingt weiblich sind, sondern einen parfümierten Hordenbart tragen, während sie verwegen ihre pinkfarbenen Mädchengetränke schlürfen. Wenn man beispielsweise in der Mädchenzeitung, in der man selbst arbeitet, erzählt, dass man früher pöbelnden Nazis und ähnlichen Unholden gern die Fresse poliert hat, wird man bereits schief angesehen. Dann macht sich im Etepetete-Reich Entsetzen breit, dass man kein Pazifist ist, und es fallen Befindlichkeitsworte, die einer Betschwester wie

Margot Luther Käßmann in der *Bild am Sonntag* zur Ehre gereichen würden: »Gewalt ist doch keine Lösung!«

Heute vermisst man einen Journalisten wie Heinrich von Kleist, dessen Storys immer noch zum Besten gehören, was über den Krieg geschrieben wurde – wie die »Anekdote aus dem letzten preußischen Kriege«, in der ein Wirt von einem Offizier berichtet, der, vom Schlachtfeld kommend, bei ihm einkehrt, »Branntewein« säuft, eine »Pfeife Taback« schmaucht und anschließend drei Feinde zu Pferde niedermacht. Ganz nebenbei erfindet Kleist in dieser und anderen Anekdoten und Novellen das dramatisierende Präsens, oder wie man heute sagt: den Actionstil. Dass sich ein solch kriegserfahrenes Genie wie Kleist in Friedenszeiten, geplagt von Geld- und Liebessorgen, die Kugel geben musste, ist immer noch zum Heulen. »Bassa manelka«, möchte man da mit Kleists preußischem Offizier auf Husarisch fluchen.

Heute wünscht man sich mitunter ein reinigendes Stahlgewitter. Denn wie zu allen Zeiten gilt: Wenn der Krieg nicht irgendetwas an sich hätte, dann würden die Menschen ihn auch nicht dauernd führen. Ja, so ein kleiner Deutsch-Dänischer Krieg für zwischendurch hätte schon was. In Lübeck könnten die Dänen das Grass-Haus schleifen, und die verbündeten Schweden würden mal wieder ihren leckeren Schwedentrunk einsetzen. Endlich dürfte man ruhigen Gewissens alter Sack sein und Geschichten vom Krieg erzählen. Die Mädchen können dann ja so lange beten gehen.

# Vom Winde verwehte Wattebällchen

Mit einer winzigen Espressotasse in der erschlafften Hand schlurft der bärtige, junge Mann auf den Personalraum zu. Eigentlich sollte er seit zehn Minuten an der Kasse sitzen. Doch erst einmal muss er einen Kaffee trinken – oder zumindest das, was er dafür hält. Denn in der Tasse ist ein Ersatzgetränk, versetzt mit einem Sedativum, das ihn noch langsamer macht, als er es von Natur aus schon ist. Schließlich arbeitet er in einem Biomarkt – und hier ist »flink« ein anderes Wort für »dösig«.

Es ist früher Morgen, also elf Uhr, in einem Berliner Biomarkt. In dem umgebauten alten Kino aus der Zeit der Neuen Sachlichkeit herrscht alles andere als geschäftige Atmosphäre. Hektisches Treiben kennt hier niemand. Wie vom Wind verwehte Wattebällchen bewegen sich die Mitarbeiter von A nach B und wieder zurück. Spricht man jemanden an, bekommt man allenfalls eine limitierte Reaktion: »Mayonnaise? Ach, weiß nicht! Fragen Sie mal …«, überlegt die verhinderte Hilfskraft geistesabwesend und geht dann, überwältigt von der Anstrengung, achzelzuckend ab ins Nichts.

»Herrlich, herrlich!«, jubelt Justus Nock. Der renommierte Personaltrainer und Marketingcoach aus Bad Kissingen hat den Weltbestseller »Von der Serviceoase zur Servicewüste« geschrieben und überprüft nun an Ort und Stelle die Auswirkungen seiner »Bibel des Biohandels«, wie der *Spiegel* den modernen Konsumklassiker nannte. Darin beschreibt der »Meister der Entschleunigung« (*Handelsblatt*), wie die Biobranche »die Langsamkeit als Alleinstellungsmerkmal« entdeckt und revolutioniert.

Der junge Bartträger mit der Tasse umkurvt derweil ein Brötchen mit dem gemütlichen Namen »Kartöffelchen«. Seit geraumer Zeit liegt es vor dem Backwarenregal, aber »Bücken« ist hier ein Fremdwort. Und selbst für den sportlichen Scherz, das Brötchen zur Seite zu kicken, ist der Schlenderer zu schlapp.

Der Marketingmann Nock strahlt hingegen und erläutert die Szene: Damit die allgegenwärtige Hektik des Konsumismus nicht bis in den Biomarkt vordringt, sei es notwendig, ja geradezu Pflicht der Geschäftsleitung, die eigenen Mitarbeiter in den biohandelsüblichen Dämmerzustand zu versetzen – aber selbstverständlich nur mit einem garantiert biologisch abbaubaren Betäubungsmittel.

Nocks neuester Kunde heißt LPG – die etwas andere Abkürzung für »Lahmes Personal Garantiert«. Wie jetzt an der Fleischtheke zu beobachten ist. Unter fünfzehn Minuten Wartezeit kommt man hier nicht weg. Während man sich die Beine in den Bauch steht, schnitzt der Nickelbrille tragende Metzger in Zeitlupe den von glücklichen Tieren gewonnenen Aufschnitt zurecht. Trotz seines martialischen Schlachterhemds wirkt er, als ob er lieber mit den Kunden über aktuelle politische Ereignisse diskutieren würde, statt sich mit seinen tierischen Produkten zu beschäftigen. Matt blickt er durch seine intellektuell angehauchten Gläser, die eher vom Gang in den Kühlraum vereist sind. Dort verschwindet der Feinmechaniker der Wurst gern minutenlang, vermutlich um seine Tränen in einem Wehbecherchen aufzufangen, damit das Salz auf seiner Haut den Geschmack der Leberwurst abrundet.

»Besser geht's nicht!«, frohlockt Nock. »Ein Mann nach meinem Geschmack. Der reinigt seine Messer bestimmt schon um siebzehn Uhr. Und danach gibt's bei ihm nichts mehr zu holen. Dabei macht der Laden erst um 21 Uhr zu!«, freut sich Nock, dass sein Konzept optimal aufgeht. Aber ist es nicht so, dass normalerweise im Einzelhandel der Kunde König sei? In

Biomärkten dagegen fühle man sich wie der Abgesandte einer fremden Macht vom Stern Verbraucher.

»Ja, aber das ist doch der Clou!«, ruft Nock euphorisch. »In normalen Supermärkten sind heutzutage alle höflich und nett, flitzen unter dem enormen Druck der Verhältnisse umher. Effizienz bedeutet alles«, erklärt Nock. »Und wohin hat das geführt? Das System ist krank. Das Personal, die Ware, die ganze Welt!«, ereifert sich der adrette Enddreißiger, den die *New York Times* einmal den »Slowfoot of organiconomics« nannte.

»Dann kamen die Biomärkte, und damit mein Geistesblitz. Können Sie sich noch an früher erinnern: Wenn man in eine Bäckerei ging und von der Verkäuferin angeraunzt wurde, die einen gelangweilt und herablassend bediente und immer das Falsche einpackte. Ständig einen blöden Spruch auf den Lippen, wenn man kein Kleingeld zur Hand hatte: ›Der Wille ist da, den Rest regelt das Amtsgericht‹. Das hatte noch Charakter! Wir haben es geliebt.« Für einen Moment scheint es, dass der Utopist Nock in Tränen ausbricht. Doch dann erholt er sich und rappelt weiter.

»In den Biomärkten verkaufen wir heute den Kunden nicht nur neue Produkte, sondern greifen auf diese althergebrachte Einstellung zurück: Die Tranigen und Trödeligen, die Muffeligen und Griesgrämigen, die Faulen und Phlegmatischen drohten von der immer schneller und effizienter rotierenden Gesellschaft weggedrückt zu werden. Wir aber haben sie alle im Biogewerbe untergebracht. Und dafür haben wir das fantastische Wort ›Entschleunigung‹ erfunden!«

Nocks Begeisterung ist nicht gespielt. »Applaus! Applaus«, ruft er lauthals durch den Laden und schreckt damit ein paar gähnende Verkäufer auf. Der Mann hat eine Mission. Und die gipfelt in seiner neuer Kampagne: die »Gammeloffensive Deutschland 2015«. So hat er sein bahnbrechend frisches Konzept für die Biobranche genannt. Das Kernstück und Fundament der »Gammeloffensive« ist das sogenannte Missmut-Training, in dessen Verlauf den Teilnehmern vermittelt wird, wie man Kunden mit trägem und schlampigem Service ans Geschäft binden und Umsätze stetig steigern kann. Im Rahmen der Kampagne können sich Unternehmen zu Missmutbotschaftern zertifizieren lassen und offiziell mit dem Siegel »Wir sind dabei! Service mit Missmut!« werben. Firmen bekommen speziell ausgebildete interne Gammel-Coaches. Schließlich winkt die Aufnahme in das überregionale Bündnis »Gammeloffensive Deutschland«.

»Apathie ist das i-Tüpfelchen auf der Serviceleistung«, schließt Justus Nock seinen spannenden Vortrag. Der ihm etwas langatmig geraten ist. Aber er hat Zeit genug, denn er steht in einer endlosen Schlange vor der Kasse. Selbstverständlich ist nur eine geöffnet, obwohl mittlerweile an der zweiten der junge Bärtige im grünen Pullunder sitzt – zur Säule erstarrt. Ob das die Folgen des Betäubungsmittels sind oder nur ein gesunder Mittagsschlaf, ist nicht auszumachen. Vor ihm funkelt ein imposantes Schild: »Andere Kasse nutzen. Oder gleich nach Hause abdampfen!«

Der große Entschleuniger Justus Nock strahlt. Dieser vor sich hin dämmernde Kassierer ist ein Juwel für ihn, der Inbegriff der schönen, neuen Handelswelt, die hinter schwer herabhängenden Plastikwindfängen beginnt und sich in einer anderen, dunklen Zeitzone befindet, sodass selbst einem lebhaften Geist wie dem Autor dieser Zeilen das Gehirn einzuschlummern droht, obwohl er ursprünglich nur vorhatte, einen kurzen, schnellen Artikel zum Thema »Trutschige Biomärkte« zu verfas- …

*Hier bricht der Text ab. Wie Recherchen der Redaktion ergaben, steht der Autor immer noch in der Schlange an der Kasse.*

# Sonntagsspaziergang mit Gauck

Wie habe ich es gehasst als Kind: Jeden Sonntag wurde ich »über den Wall geschleift«, wie es der Kabarettist Hanns Dieter Hüsch einst nannte. In meinem Heimatort gab es rund um das zentrale Schloss einen ehemaligen Befestigungswall, auf dem die Insassen der Stadt im Sonntagsstaat ihre Runden drehten und herzlichst Bekannte begrüßten, über deren Macken sie wenig später hinter ihrem Rücken genüsslich lästerten: ein immer gleiches, ödes Vergnügen.

Längst sind die studentischen Zeiten vorbei, und man schläft nicht mehr nach durchzechten Nächten bis in die Puppen. Der Sonntagsspaziergang gehört zum persönlichen Programm. Allerdings gibt es in Berlin mehr Ausflugsorte. An diesem ungewöhnlich warmen ersten Novembersonntag geht es hinaus zum Grunewaldsee. Ein buntes Gewimmel. Am Hundestrand tollen die Tölen glücklich herum, weil von den Leinen befreit.

Kaum hat man sich, um das Schauspiel zu betrachten, auf den zur Bank umfunktionierten Baumstamm gesetzt, lässt sich Joachim Gauck daneben nieder. Er ist es tatsächlich. Der Bundespräsident und seine Freundin Daniela Schadt. Hinter ihm bauen sich zwei Schränke mit Knopf im Ohr auf.

Abends würde er eine der Hauptnachrichten der »Tagesschau« liefern und als Linkenfresser vor dem ersten linken Ministerpräsidenten warnen wie der Weihwasserwart vor dem Teufel. Überhaupt ist der Pastor aus dem Osten vor dem 25. Jubiläum des Mauerfalls am 9. November überall präsent. Und nun sogar am Hundesee.

Geputzte Menschen am Wasser. Ein Terrier jagt einen Windhund. Ein Retriever nimmt einen Mops von hinten. Heulend fällt ein Kind um, denn ein Dackel hat sich dessen gelbe Windmühle geschnappt. Jetzt wetzt der Dieb mit seiner Beute davon. Harte Befehle werden gebellt: »Hierher! Sitz! Aus!« Ungerührt glitzert der vom Eise noch nicht begrabene See vor sich hin. Und der Bundespräsident sitzt da und sagt nichts. Irgendwo bellt ein Hund. Eine deutsche Idylle.

Kaum ein Frauchen oder Herrchen erkennt Gauck. Ist er doch eher unscheinbar. Jetzt stellt sich dennoch eine Dame vor uns und zückt ungeniert ihr Mobilgerät für ein Foto. Dann wird man wohl heute Abend in irgendeiner Runde begutachtet werden: »Und neben dem Gauck, sind das seine Kinder?«

Nach zwanzig Minuten erhebt sich das Staatsoberhaupt wort- und grußlos. Hätte man etwas sagen sollen? Und das Stillleben zerstören? Etwa mit einer flapsigen Bemerkung zur aktuellen Politik, damit es richtig peinlich geworden wäre?

Es wird sich nie etwas ändern am ewig gleichen Lebensrhythmus, wie schon Faust beim berühmtesten Sonntagsspaziergang der deutschen Literaturgeschichte erkannte, als ihn sein Adlatus aus der vernebelten Gelehrtenstube zerrte: »Hier ist des Volkes wahrer Himmel, zufrieden jauchzet groß und klein; hier bin ich Mensch, hier darf ichs sein!« Das ist des Pudels wie des Gaucks Kern: Ob vor hundert oder fünfhundert Jahren, ob Krieg oder Frieden, ob Diktatur oder Demokratie – der Sonntagsspaziergang ist unkaputtbar.

# Der Herr der stählernen Dampfrösser

Sein Spitzname ist »Chaos-Claus« (*Bild*), und sein Vorgänger Manfred Schell nennt ihn abwechselnd »einen Mao« oder »einen Assad« (*Die Welt*). Er soll schlimme Macken haben und zum Beispiel CDU-Mitglied sein oder am liebsten Wagner-Arien hören. Aber wer ist dieser Claus Weselsky wirklich? Was für ein Mensch verbirgt sich hinter dem adretten Schnurrbärtchen? Und was treibt den sächsischen Zangenkopf insgeheim an? Gehen wir auf Erkundung ins Führerhaus eines Gewerkschafters, treffen wir den bekanntesten Lokführer Deutschlands privat.

Das graue Reihenhaus am Ende der Stichstraße im Leipziger Arbeiterviertel Leutzsch liegt an diesem nebligen Montagmorgen wie verlassen da. Wären da nicht die zwei Bullterrier im Vorgarten, die uns misstrauisch beäugen, aber nicht anschlagen, weil der Hausherr persönlich sie in Schach hält. Im Morgenmantel.

»Très chic«, gratulieren wir dem sichtlich Geschmeichelten zur Wahl seiner Garderobe. »Ja, nicht wahr. Ein Geschenk von Sean Connery.« – »Sie kennen Sean Connery?«, fragen wir verblüfft. Doch Weselsky hat die Reaktion offenbar vorhergesehen, salopp antwortet er: »Aus meiner Zeit in England. Ich habe immer zu ihm gehalten, auch wenn es mit seiner Karriere nicht so lief. Aber kommen sie doch rein«, bittet er uns ins Haus. Bevor wir uns das gutbürgerliche Ambiente näher besehen können, bugsiert uns der Herr der Dampfrösser zu einer Treppe, die in den Keller hinabführt.

Manche würden es Katakomben nennen. Unter den wuchtigen Kreuzen des Steingewölbes erstreckt sich ein Labyrinth von

Sälen und Hallen. »Lassen Sie uns hier hineingehen«, weist Weselsky den Weg in einen schimmernden Raum. Wo andere einen Partykeller haben, hat der Leipziger Lebemann sich eine exakte Nachbildung des verschollenen Bernsteinzimmers einbauen lassen. Staunend lassen wir uns auf Stühlen nieder, die so weich und gemütlich sind, dass man in ihnen schier versinkt: »Aus dem Nachlass der Familie Onassis. Die Polster sind aus echtem Walvorhautleder. Der alte Ari hatte eine Schwäche für exquisite Stoffe«, erklärt Weselsky, der unserem Besuch in seinem privaten Reich nur zugestimmt hatte, wenn wir nicht über den Streik der Lokführer redeten. Über »laufende Arbeitskämpfe« könne er leider keine Auskunft geben, hatte er uns beschieden. Aber hier gibt es genug anderes zu besprechen. Wie seine Hände zum Beispiel.

Für einen gelernten Schienenfahrzeugschlosser hat er verblüffend zarte und zierliche Finger. »Ja, ich sollte in meiner Jugend Herzchirurg werden, Kinderherzchirurg. Aber dann entwickelte sich meine Leidenschaft für die Eisenbahn.« Wie um seine Worten zu untermalen, nimmt Weselsky nun eine um seine Beine schnurrende weiße Katze auf den Schoß und streicht versonnen durch ihre langen Fellhaare. »Wussten Sie, dass ich in vielen Filmen mitgespielt habe?«

Der Arbeiterführer überrascht uns immer aufs Neue. »David Lean. ›Reise nach Indien‹«, erzählt Weselsky. »Kennen Sie die Zugszenen? Das war ich!« – »Sie haben den Zug in diesem Monumentalschinken gefahren?!« – »Nicht nur in dem Film. Das war damals, als ich Assistent von Stephen Hawking in Cambridge war.« – »Sie waren in Cambridge?! Bei Hawking?!« Für einen Augenblick sind wir sprachlos. »Ja, ich habe Stephen viel zu verdanken.«

Wir müssen erst einmal durchschnaufen und die Ansagen sortieren. Doch Zeit bleibt dafür kaum, denn mit der Lässigkeit eines britischen Landadligen berichtet Weselsky weiter von seinem abenteuerlichen Werdegang. Wie er, der aus Pirna in der sächsischen Schweiz stammt, als früh Hochbegabter mit zwölf Jahren sein Abitur machte und dann nach Cambridge ging, um dort Mathematik zu studieren.

»Aber sie waren doch Anfang der siebziger Jahre DDR-Bürger?«, halten wir ihm entgegen. Weselsky winkt gelangweilt ab: »Ich bekam auf Vermittlung von Manfred von Ardenne, der mir übrigens drei seiner wissenschaftlichen Patente verdankt, ein Dauervisum der DDR für die Ein- und Ausreise. Und so lernte ich in Cambridge den großen Regisseur David Lean kennen. Er war ein enger Freund meines Chefs Stephen Hawking. Fast wäre ich Astrophysiker geworden. Doch ich fuhr zu der Zeit schon neben dem Studium die Museumsbahn Colne Valley Railway in Castle Hedingham. Und da bin ich für den Film entdeckt worden. Mein erster Spielfilm war: ›Lawrence of Arabia‹.«

Aus dem grünen Schatten des Bernsteinzimmers tauchen plötzlich drei leicht bekleidete Damen auf – eine Blonde, eine Brünette und eine Rothaarige: »Kommst du bald, Claus?« Wie in Trance lässt Weselsky seine feingliedrigen Finger am Arm einer seiner Gespielinnen herabgleiten. »Ich brauch noch einen Moment, Darling. Geht schon mal vor.« Glucksend verschwinden die Schönen in einem kaum zu erahnenden Wellnessbereich.

»Haben Sie sie erkannt: drei Engel für Clausi«, schmunzelt der oberste Lokomotivführer und erhebt sich dann, um uns in einen Nachbarsaal zu führen. An den Wänden hängen unzählige Filmplakate, die eins verbindet: durch die Kinoklassiker sind Züge gerollt. »Tschera unna wollta ill West«, sächselt Weselsky mit vorgeschobenem Unterkiefer und deutet auf das Poster des berühmten Western »Spiel mir das Lied vom Tod«.

»Ich liebe Spaghettiwestern. Und habe einige Züge in ihnen gefahren. Zugüberfälle waren meine Spezialität, als ich von Cambridge nach Hollywood ging.« – »Sie waren auch in Hollywood?« – »Aber sicher! Sergio Leone hatte mich Paul Newman und Robert Redford empfohlen. ›Butch Cassidy und Sundance Kid‹. Die berühmten Zugräuber. Und ich war im Führerhaus.«

Langsam steigen erste Zweifel in uns auf: »Aber das war doch in den sechziger Jahren – und überhaupt: ›Lawrence of Arabia‹, der Film ist von 1962. Dann müssten sie ja damals drei Jahre alt gewesen sein.« – »Ich war immer Frühentwickler«, kontert Weselsky, ohne mit der Wimper zu zucken.

Misstrauisch sehen wir den Fürsten des Schienenstrangs an, der liebevoll über seinen akkurat gestutzten Schnauzer streicht. »Glauben Sie nicht alles, was in den Archiven steht, schon gar nicht mein Geburtsdatum. Wussten Sie übrigens, dass ich Peter Ustinov seinerzeit gezeigt habe, wie man sich einen Schnurrbart wachsen lässt? Das war bei den Dreharbeiten für ›Mord im Orientexpress‹. Ein fabelhafter Zug.«

Wieso er, der Mann von Welt, denn dann in die sächsische Provinz zurückgekehrt sei, um sich zum Lokführer für Diesel- und E-Lokomotiven ausbilden zu lassen, fragen wir ihn. »Ach, wissen Sie, meine Leidenschaft für die Bahn kannte keine Grenzen. Ich hätte sicher weiter gemeinsam mit Stephen Hawking an der Physik der Schwarzen Löcher forschen können, aber der Ruß, das Rangieren, das Stampfen der Maschine haben mich nie losgelassen«, redet sich Weselsky jetzt ein wenig in Rage, um dann doch noch einen Bogen zum Streik seiner mächtigen Gewerkschaft zu schlagen: »Und wer meiner Lok in die Quere kommt, den nehme ich persönlich auf den Tender! Und sei es die Deutsche Bahn!«

Wie aus weiter Ferne dringt da der Gesang der drei Sirenen an sein Ohr und lässt ihn in eine Art Dämmerzustand fallen: »Ich muss gehen, war schön, Sie zu sehen. Ein andermal kommen Sie mit nach ganz hinten«, zeigt er fahrig ins Ungefähre. »Ich führ Ihnen dann auch mal vor, wo der Schatz der Sierra Madre liegt. John Huston hat ihn damals zwischen Humphrey Bogart und mir aufgeteilt …« Sprichts und entschwindet im Nebel des Saunadunsts wie eine Lokomotive in den Wolken ihres weißen Dampfs.

## Geldkröte des Vertrauens

Lässig umkurvte Anikutten die Kuh, die sich mitten im tosenden Verkehr niedergelassen hatte. Links ein Tuk-Tuk, rechts ein Toyota, vor uns ein Tata-Laster mit Botschaft aus dem Jenseits. Was dem deutschen Lkw-Fahrer das »Klaus Dieter«-Schild in der Windschutzscheibe, war seinem indischen Kollegen die frohe Botschaft: »Jesus loves you«, brüllte es schockfarben vom Heck – darunter stand der Befehl: »Blow Horn!« Und unser Fahrer nutzte seine Hupe, um zu überholen. Anikutten kannte sämtliche hundert Arten des Hupens.

Bevor wir in der Stadt einkaufen gingen, müssten wir allerdings in eine Bank, um Geld zu wechseln, rief ich ihm durch den Lärm zu, und er griff sofort zu seinem Mobiltelefon. »Okay«, erklärte er nach einem kurzen Gespräch und hob den Daumen mit dem säuberlich gefeilten, fünf Zentimeter langen Nagel. Ob dieser monumentale Daumennagel etwas zu bedeuten habe, hatte ich ihn neulich gefragt, und er zwirbelte verlegen seinen akkurat gestutzten Schnurrbart: »Only Fashion.«

Anikutten wich einem mit allerlei Paketen schwer beladenen Herrenrad aus, das uns auf der falschen Straßenseite entgegenkam, als sein Handy klingelte. »How much?«, fragte Annikuten in den Rückspiegel, und ich begriff nicht sogleich, nannte ihm dann aber eine nicht gerade kleine Summe. Für einen Moment blitzten seine Augen im Spiegel auf. Ich wusste, dass es für ihn mindestens zwei Jahresgehälter waren. »Okay«, sagte er wieder und bog wenig später von der Hauptstraße ab.

»Ein gutes Viertel«, stellte ich angesichts der dicht gedrängten Villen fest. Und er nickte: »Das Viertel der Muslime.« Vor einem schmiedeeisernen Tor, das seltsam schief in den Angeln hing, hielt der Wagen. Nach einer Bank sah das nicht aus. Anikutten führte uns in den Hof, vorbei an einer dicken, schwarzen Katze, die im Weg lag und keinerlei Anstalten machte, sich zu rühren. Misstrauisch beäugte uns ein finster dreinblickender Mann von etwa dreißig Jahren, der an einem japanischen Oberklassewagen lehnte und uns ins Haus folgte. Auf einer Couch im Foyer saß sein vermutlich jüngerer Bruder und grüßte Anikutten beiläufig. In einem Rollwägelchen aus buntem Plastik machte ein sagenhaft pummeliges Kind seine ersten Gehversuche und eierte uns hinterher in einen kleinen, düsteren Raum. Dort thronte die Geldkröte. Ein Mann wie ein Berg puren Fetts. Die Reinkarnation von Jabba the Hutt, dem fleischigen Reptil aus »Star Wars«, lebendig geworden in der Gestalt eines Geldwechslers.

Ob wir hier richtig seien, fragte ich Anikutten, und er lächelte nur aufmunternd: »Money change.« Links stand ein Kleiderschrank, rechts ein Bett, über das eine Tagesdecke geworfen war. Auf der Decke lagen fünf Mobiltelefone und drei Taschenrechner. An der hinteren Wand war eine Tür halb geöffnet, aus der jetzt eine verschleierte Frau unbestimmbaren Alters trat. Vor uns befand sich ein Couchtischchen, dahinter hockte auf einem zerschlissenen Sessel ein älterer Mann mit nacktem Oberkörper, die drallen Füße auf das Bett geschlenzt. Seine Brust und die Schultern waren über und über bewachsen mit dickichtdichtem weißen Haar. Sein blanker Wanst quoll aus einem beigefarbenen Lunghi hervor, dem unterhosenartigen Hüfttuch, das Männer in dieser tropischen Gegend der Welt traditionell trugen.

Der Krötenmann sprach kein Wort, jedenfalls keines mit uns. Anikutten warf er ein paar Brocken auf Malayalam hin, ohne die wachsamen Augen von uns zu lassen. Dann angelte er sich eins seiner Telefone und führte ein Gespräch oder tat zumindest so. Als er endlich auflegte, gab er der Verschleierten ein

Zeichen. Sie verschwand durch die Tür in den Raum hinter ihm, kehrte aber sogleich zurück – mit einem massiven Bündel Banknoten. »2.000 Euros?«, fragte mich der Herr des Baren plötzlich, und ich legte ihm vier Fünfhunderter hin. Er griff in den Kleiderschrank neben sich, nahm ein weiteres pralles Bündel Rupien heraus und warf beide Packen auf das Tischchen. Mit einem Wink gestattete er mir großzügig, den Betrag zu überprüfen: »Count it!«

Mühsam bemächtigte ich mich des Batzens und versuchte, möglichst gleichgültig den Daumen durch die Scheine gleiten zu lassen. Zählen konnte ich sie nicht, dafür waren meine Gedanken längst woanders. Das war kein normaler Geldwechsler. Bei der genannten Summe hatte er nicht einmal mit der Wimper gezuckt. Kröte war noch ganz andere Zahlen gewohnt. Er war hundertprozentig ein Hawala-Händler. Einer, der auf bloßes Vertrauen hin jederzeit an jeden Punkt der Erde eine beliebige Summe Geldes transferieren konnte. Was spätestens seit dem Elftenseptember in fast allen Staaten verboten war, weil auch Terroristen die undurchsichtigen Kanäle nutzten. »Folge der Spur des Geldes« war zum beliebtesten Satz jedes Thrillers geworden.

Diese hässliche Geldkröte war das dunkle Gegenstück zu den ach so sauberen Nadelstreifenwesen der westlichen Finanzwelt. Und doch spürte man, dass man sich auf diesen nackten Fettberg eher verlassen konnte als auf all die wie aus dem Ei gepellten Banker, die meist nur Betrüger waren, wie sich in den letzten Jahren immer wieder aufs Neue herausstellte, wenn sie Zinsen und Märkte manipulierten, Kunden und Partner verprellten, Behörden und Staaten betrogen.

Als Kind hatte ich das erste Mal einen Bankdirektor kennengelernt, der einige Male bei uns zu Besuch war und spätestens nach dem dritten Altbier zu faseln begann, er habe längst sein Scherflein ins trockene Ausland gebracht, für die Zeiten, wenn sich der politische Wind drehen werde und sie, die bedauernswerten Bankiers, verfolgt würden wie weiland die Juden. Man hätte es schon damals ahnen können, dass mit den »Bankiers«, wie sie sich noch vornehm französisch nannten, etwas nicht stimmte, spätestens aber, als der feine Herr Sparkassendirektor, der das ganze Jahr über so etepetete tat, bei einer Weihnachtsfeier ausgerechnet mit der Putzfrau seiner Niederlassung sturztrunken im Gebüsch verschwand und am nächsten Tag lauthals prahlte, dass er »den Beckenbauer gemacht habe«. Die Putzfrau entließ er wenig später.

»Correct!«, sagte ich. Und auf dem Gesicht der Geldkröte schien sich der Anflug eines Lächelns zu zeigen. »Das ist ein guter Kurs«, fügte ich hinzu. Er war tatsächlich besser als der Marktwert in einer Bank. Überraschend bewegte sich der Dunkelmann samt Sessel auf mich zu und ergriff meine Hand. »Where come from?«, fragte er. »German, man«, stammelte ich. Für einen Moment lag eine einverständige Zufriedenheit in der Luft – wie immer, wenn zwei Partner ein gutes Geschäft gemacht haben.

Vielleicht sollten sich die Banker unserer Breiten Jabba, die Geldkröte, als leuchtendes Vorbild nehmen und sich nicht länger hinter Anzug und Krawatte verschanzen, sondern in Unterhose und mit freiem Oberkörper unser Vertrauen zurückgewinnen. Getreu der Bankenwerbung: Vertrauen ist der Anfang von allem.

# Sieben Syndrome

Mit sechzehn trampte ich einen Sommer lang quer durch Europa – Deutschland, Österreich, Italien, Frankreich, Belgien, Niederlande und zurück. Hauptziel war Goethes Sehnsuchtsland der blühenden Zitronen, die Heimat der Italowestern und der Schweine mit Flügeln. Wir waren zu sechst unterwegs, in drei Gruppen zu zweit. Einzige Ansage war: Nur trampen! Und: In zwei Tagen treffen wir uns in Rom.

Città eterna, città aperta … – ich war überwältigt von der Hitze, vom Sex, vom Chaos, von der Freiheit Roms und setzte mich mitten auf die Piazza Navona, um meiner erhabenen Ergriffenheit dichterisch Ausdruck zu verleihen. Die mit Augenrollen begleitete Frage der Freunde, was ich da denn in meinen Notizblock hineinschriebe, wehrte ich mit der fahrigen Geste des jungen Dichters ab, der nicht gestört werden wollte bei seinen bahnbrechenden Balladen, die heute glücklicherweise verschollen sind.

Zu erzählen gab es genug. Wir ließen die Korken knallen. Ein Korken flog aus dem Hotelfenster durch die enge Gasse in die gegenüberliegende Wohnung. Das ältere Ehepaar drüben alarmierte sofort die Carabinieri, die hinter ihren verspiegelten Sonnenbrillen gelangweilt die Anzeige aufnahmen, aber nichts weiter taten, sodass die beiden Alten so lange durch die Viuzza zeterten, sie seien von diesen irren Deutschen beschossen worden, bis wir das Hotel wechseln mussten.

Rom war ein einziger Spaß, auch wenn sich die Gruppe langsam in zwei Lager teilte. Zwei wollten nach Neapel und immer weiter nach Süden bis nach Griechenland. Und plötzlich erklärte einer des mittleren Duos, er schließe sich ihnen an. Wir Jüngsten protestierten, denn dann hätten wir seinen Kumpel mitnehmen und zu dritt weitertrampen müssen. Der wollte nämlich genauso wenig wie wir ins ferne Griechenland. Wir konnten ihn ja schlecht zurücklassen. Doch sein Sozius stellte sich stur. Er hatte genug von, nennen wir ihn, Bernd.

Bernd war schon immer ein wenig überdreht. Er laberte nicht nur den üblichen bekifften Shit, er redete gern, und in Rom redete er sich in einen Rausch, den wir bis dahin nicht kennengelernt hatten. Was auch seinen Vorteil haben konnte. Es war zwar extrem schwierig, zu dritt zu trampen, aber in Richtung Florenz gabelte uns ein Lastwagenfahrer auf, den Bernd mit einer Art Pidgin-Italienisch zusalbaderte, sodass wir in Ruhe die Nasen aus dem Fenster halten konnten, um Luft zu schnappen. Denn es stank bestialisch in der Fahrerkabine. Kein Wunder, saßen wir doch auf einem Schweinetransporter, hinter uns quiekende Lebendschnitzel. Wie uns allerdings der kleine König des Lenkrads in seinem fleckigen Unterhemd breit grinsend zu verstehen gab, verbreiteten keineswegs die Schweine den Gestank, sondern er selbst. Er sei seit Tagen nicht mehr dazu gekommen, sich zu waschen. Mit großer Geste griff er daraufhin in das Handschuhfach, nahm eine Spraydose Tannennadelduft und besprühte sich die Füße.

In Florenz verschlimmerte sich die Lage. Bernd stieß kaum mehr zu verstehende, unzusammenhängende Sätze aus. In den Uffizien und den Palazzi brach aus ihm eine tief verschüttete Kraft hervor und er versuchte uns, erfasst vom barocken Prunk und goldenen Glanz, lautstark das Wesen der Kunst nebst dem Sinn des Lebens unter den Weiten des Universums zu erklären. Wir Jungs sahen uns an und dachten beide das Gleiche. Bloß weg hier. Ohne Bernd. Wir schulterten unsere Rucksäcke und liefen los. Raus aus der Stadt.

Die Strada, die zur Autobahn führte, zog sich kilometerweit hin. Es war der längste Marsch meines Lebens. Anfangs schauten wir uns noch um, ob Bernd mithalten konnte und hinter uns war. Doch nach einer Weile ließen wir es. Wir hörten nur noch die Autos, die an uns vorbeirauschten und marschierten unbeirrt weiter, stets den linken Daumen in den Verkehr gerichtet. Bis ein VW Käfer anhielt. Ohne den Kopf zurückzudrehen, kletterten wir hinein und sprachen kein Wort bis Genua. Über uns lag eine Wolke der Schuld.

In den siebziger Jahren entdeckte die Psychiatrie die Städte-Syndrome. Kurz zuvor war die Krebsforschung auf das Philadelphia-Syndrom gestoßen, was nach dem Ort der Entdeckung benannt worden war. Dann wurde das Stockholm-Syndrom populär, das immer wieder fälschlich der Roten Armee Fraktion zugerechnet wird, die 1975 in Stockholm die deutsche Botschaft überfiel. Tatsächlich ging das Syndrom auf eine Geiselnahme in einer schwedischen Bank im Jahr 1973 zurück, bei der die Geiseln mit den Bankräubern sympathisierten. Heute gibt es sogar das Lima-Syndrom, das erstmals nach einem Überfall auf die japanische Botschaft in der peruanischen Hauptstadt Lima 1996 diagnostiziert wurde und das Gegenteil darstellen soll, dass nämlich die Geiselnehmer mit den Geiseln sympathisieren.

Die Urzelle aller Syndrome im Städtesektor aber ist das Stendhal-Syndrom, das nicht etwa nach einer Stadt, sondern nach dem französischen Schriftsteller Stendhal benannt wurde. Es gilt als Inbegriff einer »kulturellen Reizüberflutung«. Erstmals 1979 von der italienischen Psychologin Graziella Magherini erfasst, geht es auf Stendhals im Jahr 1817 veröffentlichte Skizze »Reise in Italien« zurück, in der sich der empfindsame Dichter nach der Besichtigung der florentinischen Kirche Santa Croce in eine geradezu panische Begeisterung hineinsteigerte, die zu einem regelrechten Wahnzustand führte. Bernd!

Die Städte-Syndrome machten schnell Karriere: Es folgte das Venedig-Syndrom, das vor allem bei deutschen Touristen verbreitet ist, die ihren Thomas Mann und seinen »Tod in Venedig« im geistigen Gepäck haben. Ähnlich gelagert ist das Paris-Syndrom, das jedes Jahr viele Japaner befällt, die von dem Widerspruch zwischen ihrer überhöhten Erwartung an Paris und den realen Gegebenheiten mental überfordert werden. Und dann ist da selbstverständlich die bekannteste aller Städtekrankheiten, das Jerusalem-Syndrom. Hunderte von Touristen und Pilgern im sogenannten Heiligen Land halten sich jedes Jahr für Jesus oder anverwandte biblische Gestalten und landen deshalb in der Klapse.

Als wir auf unserer italienischen Reise in Triest ankamen, war ich wie vor den Kopf geschlagen: überall nur Irre. Mitten in der Stadt. Ein Panoptikum aus verwachsenen und vor sich hin lallenden Gestalten paradierte durch die Straßen. Kurz zuvor hatte der Psychiater Franco Basaglia die katastrophale Lage der Kranken öffentlich gemacht und die Tore der Irrenanstalten geöffnet. In der Stadt am Ende des westlichen Europas herrschte eine Stimmung aus Revolution und Dekadenz. Jeden Donnerstagabend versammelte sich die Jugend Triests in der Irrenanstalt, die in einem wunderschönen Park lag. Zu den Hauptgebäuden führten von flackernden Fackeln gesäumte, geschwungene Wege, und wenn man den schiefen Hang hinauflief, hörte man bereits die stampfende Musik vom zentralen Platz, auf dem Irre, Junkies, Künstler, Fremde und andere Ausgestoßene, die jetzt in den freien Häusern lebten, ekstatisch tanzten.

Jeden Moment erwartete ich, dass Bernd aus dem Nebel der rauchenden Kerzen und Joints auftauchte und mir den Sinn des Festes erklärte. Doch er kam nicht. Ich sah ihn nie wieder. Heimgekehrt hörten wir fast ein Jahr später, dass er noch Monate an der Stelle, an der wir ihn in Florenz nahe der Autobahn zurückgelassen hatten, campiert haben soll. Irgendwann wird auch er sich auf den Weg gemacht haben. Wohin weiß niemand.

# Syrien spürien

O du Soldat der Bundeswehr, du Perle des Abendlandes, du Blume des Feldes und Sonne des Krieges. Fühlst du es schon? Schwant es dir bereits? Ahnst du es tief im Innersten? Bald heißt es für dich: Syrien spürien.

Dorthin wirst du ziehen, die Werte der westlichen Welt zu verteidigen. Vergiss den Hindukusch und seine Freiheit! Lass dich an den Gestaden des Barada nieder, des duftenden Flusses von Damaskus, der dem heimischen Biere mit Fug und Recht seinen wohlklingenden Namen gab. Am Ende des Orientexpresskrieges wird ein tiefer Zug des herben Nasses auf deiner Zunge perlen, auf den Knospen des Siegers, des Retters der Armen, der Schwachen und Erniedrigten Arabiens.

Denn höre, o du Soldat der Bundeswehr! Im nahen Libyen einst durftest du noch nicht ans Werk. Aber die hohe Zeit des Händels ist nun gekommen. »Ein weiteres Mal können wir uns nicht isolieren«, sagt »ein Mitglied der Bundesregierung« dem patriotischen Feldpostblatt *Bild*. Vorgetragen in der giftigen Sprache der Politik, verschweigt der mächtige Herr zwar feige seinen Namen, um vor der leidigen Wahl keinen Wüstenstaub aufzuwirbeln, aber er liebt den Krieg wie sein Augenlicht, er feuert ihn an und schickt dich, ja dich, o du Soldat der Bundeswehr, in die Schlacht um Damaskus.

Ist es nicht eine unendliche Ehre, für einen hehren Staatsminister zu fallen? Für einen Helden des Sessels? Für einen, der mit schwertstarker Stimme die deutschen Interessen wahrt? Da lohnt der Heroentod im ewigen Sand der Badiya, in der seit Urzeiten Asche zu Asche, Staub zu Staub wird und nun der deutsche Waffenträger zum sterblichen Überrest.

Klaglos nimmst du, o du Soldat der Bundeswehr, es hin, fällst doch du für höhere Ziele eines »Mitglieds der Bundesregierung«, das winselnd die Friedenssehnsucht seines verstockten Volkes beklagt, die leider größere weltpolitische Pläne verhindert: »Damit stünden wir vor unseren Partnern als komplett unzuverlässig da.« Dann lieber komplett zuverlässig sterben.

O ja, du Soldat der Bundeswehr! Bald musst du dein Ränzlein schnüren und hinaus in die Fremde, der Fehde ein treuer Vasall. Es sei denn, du berufst dich auf jenes weithin bekannte Damaskus-Erlebnis. Werde ein anderer, wähle einen neuen Weg und verweigere dich dem prahlerischen Emporkömmling von Minister, der allein für sich und seine Karriere spricht, dich aber nicht einmal mit einem Arschbackenrunzeln würdigt.

Schmettere, o du Soldat der Bundeswehr, ihm und allen anderen, die lüstern dem Kriege am traurigen Zipfel hängen, schmettere jedem, der behauptet, deine Zeit sei gekommen, so stehe es geschrieben, tapfer drei Worte entgegen: Nichts steht geschrieben!

# Güldene Weisheiten

Religion ist etwas für die Armen, Dummen und Schwachen. Schon deshalb könnte ich nie religiös sein. Allerdings habe auch ich eine Schwäche. Ich bin ein Anhänger von Lakshmi, der indischen Göttin des Wohlstands, deren oberstes Gebot mir sehr einleuchtet: Man muss Lakshmi zeigen, das man sie mag, dann besucht sie einen auch.

Dabei bedeutet mir Geld gar nichts. Ich verwandle es dauernd in Grundnahrungsmittel oder Getränke – und neuerdings in Gold. Denn Gold ist das, was die Satire für die Literatur ist: Zierrat, Luxus, Verschwendung. Es wird schon genug Blech gestanzt in der Welt der Worte, da darf man sich dies güldene Vergnügen im wahren Leben ruhig gönnen. Ein asketischer Satiriker wäre wie ein Goldschatz, der in Plastiktüten aufbewahrt wird.

Das heißt beileibe nicht, dass man seine Stoßrichtung verliert: Immer auf der Seite der Schwachen, gegen die Mächtigen! Veröffentlicht man dann aber eine Satire über Armut, erhält man unweigerlich einen empörten Brief eines Lesers, der die ironische Ausrichtung des Textes verkennt und vehement Askese einfordert: »Lebt Ihr doch mal von Hartz IV! Dann wüsstet Ihr, wie Ihr darüber schreiben müsstet!«

Wird ein Arzt ein besserer Diagnostiker, wenn er krank ist? Kann ein Polizist einen Mord schneller aufklären, wenn er selbst ein Verbrechen begeht? Man stelle sich einen Chirurgen vor, der während der Operation Tränen des Mitgefühls über den Zustand seines Patienten vergießt. Wäre es da nicht sehr viel besser, er würde die Lage distanziert analysieren und überlegt handeln?

Mitleid ist die schlechteste Medizin. Es trübt den Blick und vernebelt die Sinne. Mitleid ist eine Erfindung der Christen, die erst eine ungerechte Welt schaffen und sie dann voller Mitgefühl kurieren wollen, nur um ihre eigene Existenz rechtfertigen zu können. Dabei muss man sich lediglich die miserablen Bedingungen in christlichen Betrieben ansehen, unter denen die Mitarbeiter ächzen. Den Kirchen wäre es am liebsten, ihre Leibeigenen würden das ganze Jahr über fasten, schließlich ist das Fasten auch wieder so eine religiöse Spezialdisziplin.

Fasten als Reinigungsprozess – was für ein armseliger Stumpfsinn! Statt das Leben, die Jugend und alles, was wertvoll ist, zu feiern, indem man es verschwendet, um wahrhaft etwas davon zu haben in unserem kurzzeitigen Diesseits, soll man sich beschränken und seine Kräfte fürs Jenseits aufbewahren. Neuerdings werben christliche Organisationen sogar auf Plakattafeln mit dem schwer bemühten Stabreimbefehl »Verschwenden beenden!«. Im Verbieten waren Christen immer schon gut.

Verschwendung ist der Beginn aller Kultur. Hätte es in der Steinzeithöhle schon Schnäppchenjäger und Pfennigfuchser gegeben, dann würden wir heute noch Rinden von den Bäumen kauen. Erst mit der Verschwendung beginnt das Abenteuer Zivilisation. Und ganz sicher nicht mit puritanisch-pietistischen Organisationen wie dem Bund der Steuerzahler, dessen Präsident gern das ach so furchtbare Verprassen von Steuergeldern anprangert, wenn wieder irgendeine Autobahnbrücke für ein Vermögen ins Nichts gebaut wurde. In seinem bitteren Geiz übersieht der graue Knauser, welch große Kraft in der Leistung liegt, vollkommen unnütze und überflüssige Dinge in die Welt zu bringen. Dass sich die Gesellschaft eine solch fantastische Verschwendung überhaupt leisten kann und dennoch hervorragend funktioniert, ist ein geradezu sagenhafter Beweis ihrer Fähigkeiten und ihres Reichtums.

Zur Verschwendung gehört jedoch Wohlstand, und den erreicht man nur, indem man Armut beseitigt. Armut beseitigt man nur durch Großzügigkeit. Um großzügig zu sein, muss man reich sein. Um aber reich zu werden, muss man sparen. Sparen kann man wiederum nur, wenn man es sich leisten kann. Man kann es sich nur leisten, wenn man reich ist …

Wie sich dieser Widerspruch auflösen lässt, fragen Sie bitte Frau Lakshmi. Oder wollen Sie etwa in einem Wirtschaftssystem leben, das von einem Satiriker entwickelt wurde? Allerdings hätte man dann wenigstens mehr zu lachen.

# Ein Herz für Braunau

## Thilo Sarrazins schönstes Ferienerlebnis

Kaum waren wir in Braunau am Inn angekommen, wurde ich schon erkannt. Ein paar ungepflegte Jugendliche vermutlich südländischer Herkunft kamen uns entgegen, als meine Frau, meine drei Leibwächter und ich gerade unauffällig in der Altstadt Braunaus umherspazierten. »Heil Sarrazin!«, krakeelten die Südländer, und einer hob tatsächlich den rechten Arm. Ich hätte nicht gedacht, dass es in Österreich Nationalsozialisten gibt. Aber diese Ausländer müssen uns auch alles nachmachen. Mein Schnurrbart zitterte vor Wut.

»Denk an dein Herz, Thilo, vergiss diese Kanaken!«, meinte Ursula, und was meine Frau sagt, befolge ich mit unerbittlicher Härte. Aber meine Brust schmerzte nach dem Vorfall. Zur Entspannung ohrfeigte ich einen meiner Leibwächter. Danach ging es mir wieder besser. Keine Angst, ich bin kein Unmensch. Er wird gut bezahlt dafür und ist das gewohnt, wie es sich gehört für Lakaien.

Den ganzen Morgen fotografierte ich Braunaus herrliche Altstadt mit meiner alten Hasselblad. Was kaum jemand weiß: Ich bin ein begnadeter Fotograf. Seit meiner Studentenzeit habe ich nur ein Hobby, ich lichte alles ab, was mir vor die Linse kommt. Jedenfalls alles, was schön, rein und deutsch ist. Was man von der alten Türkin mit Kopftuch, die jetzt an der Herzogsburg des Weges kam, nicht behaupten kann. Sie ruinierte das feine Fotomotiv. Was macht so jemand auch in Braunau am Inn? Es tat mir furchtbar weh. Meine Leibwächter drehten der Alten deshalb die Arme auf den Rücken und trugen sie fort. Die Schmerzen in meiner Brust nahmen zu.

Wir betraten erst einmal die Altdeutsche Weinstube. Der Abstecher zum Obersalzberg musste warten. Ein Wein würde jetzt gut tun. Die Gaststube war bis auf den letzten Platz gefüllt – mit Gastarbeitern! Hatten die denn alle keine Arbeit? Wie ein Lauffeuer breitete sich die Nachricht von meinem Eintreffen im Lokal aus, so dass selbst der Koch aus der Küche heraustrat und in den Schankraum lugte. Sein südländisches Aussehen nahm mir jeden Hunger und Durst. Und wieder wurde die gutbürgerliche Küche vergewaltigt, geschändet, missbraucht von Knoblauch … – ein Stich durchfuhr meine Brust, und ich sackte zusammen. Wie mir Ursula später erzählte, brachte mich meine Leibstandarte gleich ins Spital. Erste Vermutung der Ärzte: Herzkasper.

Sofort wurde eine Organtransplantation angesetzt. Ursula hatte den Chefarzt mit den Kontoauszügen meiner Schweizer Bank schnell überzeugt, und ein Herz war flugs gefunden. Schließlich herrschte bestes Organspenderwetter, heute Morgen erst hatte ein junger Motorradfahrer eine Serpentine falsch eingeschätzt. Sein Herz war schon im Hubschrauber unterwegs, als man mir den Brustkorb öffnete. Wie groß aber war da die Überraschung der Ärzte: Sie bogen die Rippen zur Seite, hoben die Lungenflügel an, schauten unterm Dickdarm, hinter der Niere nach … – nichts! Kein Herz!

Die Ärzte fackelten nicht lange, setzen das Herz ein, nähten alles wieder zu, weckten mich mit einem Klaps und erklärten mir, dass man zwar für meine geistige Gesundheit nicht garantieren könne, dass ich aber körperlich in bester Verfassung sei und noch ewig leben würde. Es war, als hätte man mir einen Schleier von den Augen gerissen. Ich Stinkstiefel! Mein ganzes Leben bisher war völlig verpfuscht. Immer diese peinlichen Provokationen. Diese unsäglichen Ausdünstungen heißer Luft. Wie konnte ich das bloß wieder gutmachen? Wie mich bei allen entschuldigen, die ich vor den Kopf gestoßen hatte?

Als Erstes gab ich Ursula, dieser hartherzigen Brombeere, einen Tritt. Dann ließ ich die Alte mit dem Kopftuch von meinen Leibwächtern herbeitragen. Ich wollte ihr sagen, wie leid es mir tat. Dass ich jetzt ein anderer Mensch war. Aber was war das? Sie nahm das Kopftuch ab und fing die Strahlen der Sonne ein. Sie war gar nicht alt und hässlich. Ihr Name war Aishe, und sie war wunderschön. Ich konnte nicht anders, ich nahm sie zur Frau. Wir liebten uns auf der Stelle.

Mit einem Mal erkannte ich: Unsere Zukunft lag in Braunau. Also zog ich all meine Gelder aus der Schweiz, aus Liechtenstein und Luxemburg und von den Bahamas ab. Ich erwarb das Altdeutsche Weinhaus und wurde Wirt. Endlich hatte ich einen Ort gefunden, an dem ich meine Fotografien ausstellen konnte. Abends würde ich dann vor mein Publikum treten und Horrorgeschichten erzählen aus meinem ersten Leben als Furunkel der Nation. Meine Leibwächter werde ich umschulen lassen auf Kellner. Und mit Aishe zusammen werde ich künftig jede Nacht türkischen Honig knabbern …

Das war das schönste Ferienerlebnis, das ich je hatte.

# Hund rettet Wulff

Noch am gestrigen Morgen hätte kein politischer Beobachter in Berlin auch nur einen Cent auf den weiteren Verbleib des Bundespräsidenten im Amt gesetzt. Immer enger zog sich die Schlinge um Christian Wulff, von allen Seiten wurde sein Rücktritt wegen der Kreditaffäre und seines Umgangs mit den Medien gefordert, längst hatten die Bürger das Vertrauen in den ersten Mann im Staate verloren – und jetzt das! Am Freitag rettete der Bundespräsident persönlich einen in die Spree gefallenen Hund. Die durch einen zufällig anwesenden Fotografen aufgenommenen Bilder zeigen einen heldenhaften Präsidenten, der sein Leben riskiert für eine Kreatur in Not. Prompt schlug dem mutigen Staatsoberhaupt eine Sympathiewelle entgegen, obwohl Wulff den unerwarteten Zuspruch in aller Bescheidenheit abwehrte und sagte, er habe »nur seine verdammte Pflicht als Mensch und Präsident getan«.

Die recht bald schon bei *bild.de* veröffentlichten Fotos zeigen einen Bundespräsidenten, der völlig durchnässt und mit nacktem Oberkörper am Ufer der Spree steht und einen vor Kälte zitternden Terrier fest in den Armen hält. Wie aus einer bereits wenige Minuten nach der Rettungstat herausgegebenen Stellungnahme des Bundespräsidialamts hervorgeht, heißt der Hund »Boomer« und gehört der Berliner Rentnerin Renate Sawade. Die 76-Jährige befand sich offenbar zum Zeitpunkt des Geschehens auf einem Fahrgastschiff, als der Hund ohne erkennbaren Grund über die Reling sprang und im Hauptstadtfluss landete. Der Kapitän habe die Maschinen der »Schöneberg«, die gerade hinter dem Schloss Bellevue zwischen dem Gerickesteg und der Lutherbrücke unterwegs gewesen sei, nicht sofort stoppen können, so dass der Terrier versucht habe, eigenmächtig an Land zu gelangen, aber an der steilen Böschung gescheitert sei und im kalten Wasser zu ertrinken drohte. Im selben Moment sei Wulff, der sich mit seiner Gattin Bettina auf einem Verdauungsspaziergang im Park des Schlosses Bellevue befunden habe, auf den Notruf der alten Dame aufmerksam geworden. Wulff habe daraufhin das überraschenderweise unverschlossene Gartentor zum Bellevue-Ufer geöffnet, sei mit den Worten »Lassen Sie mich durch, ich bin Präsident« an den versammelten Passanten vorbeigeschritten, habe sich erst die Slipper von den Füßen gestreift, dann Jacke, Pullover und Unterhemd ausgezogen und ordentlich zusammengelegt und sei schließlich ohne viel Federlesens in die Fluten gesprungen, um »Boomer« am Schlafittchen zu packen und unter dem Beifall der umstehenden Schaulustigen an Land zu hieven.

Ungefähr zu diesem Zeitpunkt muss der 48-jährige Pressefotograf Werner Kolonka unerwartet des Weges gekommen sein. Kolonka erkannte sofort die Chance seines Lebens. Allerdings musste er Wulff massiv bedrängen, bevor der zurückhaltende Lebensretter sich widerstrebend doch zu einem Schnappschuss bereit erklärte. Die 39 Fotos vom Bundespräsidenten mit »Boomer« verbreiteten sich blitzschnell im Internet. Nachdem Phoenix eine Sondersendung (»Wulff rettet Hund«) ins Programm nahm, stellte sich das Staatsoberhaupt bei einer eilig einberufenen Pressekonferenz den rund 400 Fragen der Medien und erwähnte nicht ohne einen Anflug von Stolz ein aus dem Weißen Haus eingegangenes Glückwunsch-Telegramm: »What a dog!«, habe ihm US-Präsident Obama gratuliert.

Vergeben und vergessen ist die Kreditaffäre. Von Amtsniederlegung kann keine Rede mehr sein. Selbst der politische Gegner zollte dem Bundespräsidenten gestern Respekt. Die Linken-Parteichefin Gesine Lötzsch beglückwunschte Wulff zu einer »beherzten Großtat«, die »die Würde des Amtes wieder hergestellt« habe. Und Grünen-Chef Cem Özdemir kalauerte erwartungsgemäß, dass »Wulff auf den Hund gekommen sei«.

Nur einigen wenigen Verschwörungstheoretikern erscheint die wundersame Rettung Christian Wulffs inzwischen nicht geheuer. Sie behaupten, es habe sich dabei um ein abgekartetes Spiel zwischen *Bild*, BKA und Bundeskanzleramt gehandelt. So berichtet der *Spiegel* über verdächtige Hinweise, dass die Rentnerin Renate Sawade den Terrier »Boomer« erst eine Stunde vor ihrer Spreefahrt aus dem Tierheim geholt hätte. Ein Justizskandal sei es, dass diese Spur von den Behörden nicht weiter verfolgt würde.

Nur eine äußerte sich nicht zu dem Vorgang: Angela Merkel. Die Kanzlerin genießt und schweigt.

# Dammriss im Dasein

Sven Marquardt hatte schon alles gesehen. Der wegen seines mit Piercings und Tätowierungen übersäten Gesichts furchterregend wirkende Türsteher des »Berghain« lachte verächtlich auf. Neulich wieder hatten ihm zwei junge Touristen tatsächlich einen Geldschein hingehalten, damit er sie hineinließe. Sieben Stunden hatten die Spanier in der Schlange gewartet und durften dann unverrichteter Dinge umkehren, diese Vollidioten! Aber die beiden Vögel hier schlugen alles. Sahen aus wie Priester. Ganz in Schwarz. Der eine mit roten Schuhen, offenbar handgefertigt. Auf dem Kopf akkurate graue Haare. Machten wohl auf Vater und Sohn. Dabei wusste doch jeder, dass er Pärchen nie, nie, nie durchließ.

Der Türsteher dachte an den Dammriss im Dark Room letzte Woche und den Ärger, den die Sauerei verursacht hatte. Gerade wollte er den beiden Priesterdarstellern sein bewährtes »Keene Schanze!« entgegenbrummen, als der Ältere die Hand hob. Teurer Ring, dachte der Hüter des Eingangs noch, als vom Stern des Südens ein funkelnder Strahl auf den goldenen Fischerring fiel und ihn blendete. Ein Chor drang an sein Ohr. Stimmen jubilierten in seinem Kopf. Starr stand der mächtige Türsteher da und ließ das seltsame Paar passieren.

Georg Gänswein war die Idee gekommen. Der Sekretär des Papstes hatte bei der spätabendlichen Lektüre der Heimatzeitungen im Vatikan den Satz in der *Süddeutschen* gelesen, den ein Tourist in Berlin gesagt hatte: »Das Berghain ist für Berlin so etwas wie der Vatikan für Rom und die Pyramiden für Ägypten.« Der heilige Vater hatte die Stirn gerunzelt: »Don Georg«, fragte Benedikt XVI. und bediente sich halb scherzhaft der

Anrede, die seine Haushälterinnen für seinen Privatsekretär üblicherweise verwendeten: »Don Georg, was ist das? Das ›Berghain‹«? Er werde es morgen recherchieren, erklärte der in allen Weltfragen sonst versierte Monsignore Gänswein ein wenig ratlos. Und schon am nächsten Abend hielt er ein längeres Referat über den angeblich »besten Club der Welt«, dem Berlin offenbar seinen Ruf als Zentrale des Hedonismus verdankte. Er, Gänswein, habe da Dinge über den Höllenort gelesen, die ihm die Schamesröte in die Wangen getrieben hätten. »Ach, Gänswein, Gänswein«, lächelte Benedikt versonnen, »Sie sind schon ein rechter Dornenvogel.«

Doch ließ die vertrackte Angelegenheit Benedikt nicht mehr los, nagten doch die Vorwürfe, Mutter Kirche sei mittlerweile arg zu weltabgewandt, am Gemüt des Mannes in den Schuhen des Fischers. Zweitausend Jahre Tradition drückten seine Schultern gnadenlos nieder. Benedikt hätte viel dafür gegeben, wenn er wieder der kleine Joseph wäre, der durch den Garten seines bayerischen Elternhauses hätte tanzen können zwischen Bienen und Blumen, ein fröhlicher Bub, der sich ganz der Liebe hingab.

Monsignore Gänswein heckte einen kühnen Plan aus. Am ersten Abend des Deutschlandbesuchs würden der Heilige Vater und er, nachdem alle offiziellen Termine ausgestanden waren, sich aus den Schlafgemächern in der päpstlichen Nuntiatur zu Berlin-Neukölln fortstehlen. Und so lieh sich Gänswein zu später Stunde vom Hausmeister des päpstlichen Botschaftsbaus unter dem Siegel absoluter Verschwiegenheit und sicherheitshalber auch unter Androhung ewiger Höllenqualen dessen gelben Fiat Cinquecento aus. Dann gabelte er den im Halbdunkel des Hintereingangs bereits ungeduldig wartenden Benedikt auf, und so juckelten die beiden freudig erregten, aber auch ein wenig von Furcht ergriffenen Gottesmänner in Richtung Ostbahnhof – dorthin, wo das »Berghain«, dieser geheimnisumwitterte Vatikan Berlins, liegen sollte. Heute würde es dort das Konzert einer katholischen Künstlerin aus Amerika geben. Sie trage den wundersamen Namen Baby Dee, und anschließend sei eine »Aftershow-Party« geplant, wie Gänswein mit leichter Gänsehaut dem Papst auf dem Beifahrersitz erläuterte. Benedikt lächelte erwartungsvoll.

Blitze, Farben, Töne. In völliger Verzückung stand Benedikt XVI. vor der wogenden Masse, sog die zuckenden Strahlen und das pumpende Wummern regelrecht in sich hinein. Er war zwar inzwischen taub wie ein Biber, aber er spürte, wie die Bässe, die ihm aus der Wand entgegenrollten, von seinem Körper Besitz ergriffen und ihn rundum erfassten. Sein Herz überschlug sich, und hätte sein Leibarzt Doktor Polisca ihn jetzt abgehört, er wäre in Ohnmacht gefallen. Der Beat drang Schlag um Schlag in den Römer ein, dem Hören und Sehen verging. Er spürte nur noch seine Füße und seine roten Schuhe, die sich wie von selbst bewegten und ihn in die Mitte der Menge trieben, wo nichts als Ekstase vorherrschte. Benedikt begann sich zu drehen …

Gänswein stand vor den Toiletten. Fasziniert beobachtete er, dass Männlein und Weiblein ein und denselben Abort bevölkerten. Manche verschwanden dann in einem abseits gelegenen Raum, der den zögerlichen Monsignore magisch anzuziehen schien. Davor hatte sich ein mit Muskeln herrlich bepackter Mann im weißen Unterhemd positioniert, der Gänswein an jene Straßenarbeiter gemahnte, die er einst an einer Autobahn bei Lourdes beobachtet hatte. Tapfer stolperte er voran. »Dunkelmann, lass mich mal ran«, flötete ihm der Muskelmann zu, bevor er dem Sekretär in den dunklen Ort der Erkenntnis folgte.

Wie in Trance tanzte Benedikt. Seit er damals – selbstverständlich im Original – Dantes »Göttliche Komödie« gelesen hatte, war Benedikt von keinem Kunstwerk mehr so ergriffen worden wie jetzt von diesem Wirbel aus Musik, Lichtern, Bildern, Armen, Schenkeln und Brüsten. Und dann sah er sie. Sie! Benedikt ließ endgültig alle Heiligkeit fahren. Sein Herz pulsierte wie eine Qualle, die vom Meeresgrund auftaucht. Im Gegenlicht nahm er erst nur ihre zarten Umrisse wahr, dann erblickte er ihre ebenholzfarbene Haut. Das musste Baby Dee sein! Oder war es die Mutter Maria? Oder waren es beide in einer Gestalt? Benedikt hatte längst jede Orientierung verloren. Selbst ein eilig und halbwegs routiniert hervorgestoßenes Kurzgebet sollte sie nicht nicht wieder einfangen können, seine wilde Sehnsucht nach … – Liebe, ja, das war sie, die echte und wahre, reine und hehre Liebe, die sich seiner bemächtigt hatte. Als aber die wunderschöne Frau ihm ihre Hand zärtlich auf den Unterarm legte, da konnte sich Benedikt nicht mehr halten, zog sie an sich und hauchte ihr einen hingebungsvollen Kuss auf die vollen Lippen …

Noch vor dem ersten Angelusläuten quetschten sich die vier Nachtschwärmer in den kleinen gelben Fiat – Benedikt und Baby Dee, Don Georg und der Muskelmann, der sich jetzt als Mario aus Rostock vorstellte: »Ich bin Orgelbauer, und du?«, fragte er den Papst. »Ich bin nur ein einfacher Arbeiter im Berghain des Herrn«, schmunzelte Benedikt. »Leute, ich weiß, wo wir hindüsen!«, rief Mario. Und so kam es, dass das ungleiche Quartett Arm in Arm oben auf dem Kreuzberg die ersten Sonnenstrahlen der Morgenröte bewunderte. Benedikt XVI. aber ahnte, dass im siebten Frühling seines Lebens seine Suche nach der immerwährenden Liebe in Berlin ein glückliches Ende gefunden hatte.

# Das Geweih Gottes

Stolz drehte er sich hin und her und betrachtete mal über die linke, mal über die rechte Schulter seinen nackten Rücken in dem mannhohen Schlafzimmerspiegel. Der Hintern hing leider schlaff herab, aber darauf würde künftig keiner mehr sehen. Wie er jetzt selbst würde jeder die feine Zeichnung bewundern, die sich quer über seinen Steiß zog. Frisch leuchteten feuerrot und himmelblau die Farben, und die zarten Verästelungen des Musters erinnerten ihn an die schmiedeeisernen Umgrenzungen der Kirchenfenster in Augsburg. Ach, Augsburg … Fast wollte ihm weh ums Herz werden, aber dann besann er sich. Augsburg – das ist vorbei, bye, bye, Junimond, summte Walter Mixa eine leichte Melodie.

All seinen Mut hatte der Altbischof zusammengenommen. Damit er unerkannt blieb, hatte er den Kirchenrock abgelegt und sich in Räuberzivil geworfen: einen Adidas-Trainingsanzug und eine Basecap. So ausgerüstet war der Gottesmann mit dem Zug nach München gefahren. Doch schon am Bahnhof der bayerischen Landeshauptstadt hatte ihn sein Mut wieder verlassen und er spazierte zur Beruhigung der Nerven erst einmal in den Englischen Garten. Zum Glück hatte er sich vorher als Proviant eine Butterbemme und eine Flasche Chianti in eine Plastiktüte gepackt. Der Weinhändler hatte ihm wieder kostenlos ein paar Kisten vorbeigebracht. Dafür hatte er dem hartnäckigen Kerl abermals versprechen müssen, dass er beim Jüngsten Gericht zur Rechten des Herrn Platz nehmen dürfe, der Depp!

Nachdem Mixa die Weinflasche geleert hatte, fühlte er die alte Tapferkeit und steuerte erneut das Bahnhofsviertel an.

Und endlich fand er, was er gesucht hatte. Der Tätowierer in dem kleinen Laden hatte zwar schon einiges gesehen, aber der Wunsch des älteren Herrn war absonderlich. »Das ist doch eher was für Uschis«, meinte Mike The Hike, wie er sich selbst nannte. Uschis? Uschi Glas kannte er, dachte Mixa, doch die war wohl nicht gemeint. Unbedingt ein »Lexikon der Jugendsprache« bestellen, notierte sich Mixa in Gedanken. Dabei hatte er durchaus einige Jugendbegriffe im Repertoire: »Die Zeichnung ist knorke«, beharrte Mixa, auch wenn der Tätowierer ihn ansah wie ein Mondkalb. Das Bündel Scheine überzeugte den Nadelkünstler schließlich, und so bugsierte er den Weißhaarigen mit freiem Oberkörper auf die Pritsche.

Zu Hause rieb sich Mixa jetzt den leicht entzündeten Rücken. Die Schmerzen waren aber erträglich, und hatte nicht auch Christus seine Leiden voller Inbrunst ertragen? Hatte man den Erlöser nicht am Kreuz mit einer Lanze gestochen wie ihn, Walter Mixa, seinen treuesten Anhänger, mit der Nadel? Mixa seufzte.

Beinahe wäre er hier in der Provinz versauert, in diesem schwäbischen Kaff, in dem er untergekommen war. Wie tot das schon klang: Villa Barbara in Gunzenheim bei Kaisheim. Dabei wollte er doch immer nur dem Leben, der Jugend nahe sein. Und hätte er nicht am Kiosk dieses anregende Schulhofmagazin gefunden, er wäre wohl hier verschimmelt. Diese wundervolle *Bravo*. So viele feste Körper hatte er nicht mehr gesehen, seit damals der neue Vikar ... Und dieser Dr. Sommer war offenbar ein honoriger Mann, der den Jungspunden ihre Flausen ausredete. »Bin ich zu jung für ein Arschgeweih?«, wurde dauernd gefragt, und Mixa schätzte Dr. Sommers besonnene Antworten. Den würde er gern mal treffen. Nein, er, Mixa, war nicht zu jung, im Gegenteil, er würde alles tun, um heranzukommen an diese herrlich unfertigen, jungen Menschen. Er würde ihnen zeigen: Ich bin einer von euch!

Mixa blickte auf das Foto, das über der Anrichte hing und diesen verdammten Benedikt XVI. zeigte. »Porca miseria, il papa!«, hob Mixa den erigierten Mittelfinger wider seinen größten Feind. So würde er es die jungen Schäfchen lehren, wenn er am 25. April 2011, am Ostermontag, auf seiner neuen Internetseite www.bischof-mixa.de wieder öffentlich in Erscheinung trat – einen Tag nach der Auferstehung des Herrn. Er wolle sich wieder stärker in der Kirchenarbeit engagieren und vor allem junge Menschen ansprechen und für den Glauben gewinnen, hatte er den Schafsköpfen vom *Donaukurier* in die Stifte diktiert, die den Quatsch auch gleich treuherzig verbreiteten.

Der Altbischof lehnte sich zufrieden zurück und sah vor seinem inneren Auge bereits die Jugendgruppe, der er eines Tages bei einem Ausflug zu später Stunde sein wundervolles Arschgeweih zeigen würde. Mit offenen Mündern würden die Burschen und Mädels staunend dasitzen und ihn als einen der ihren anerkennen. Er aber würde ihnen die Dreifaltigkeit aus Chianti, Internet und Arschgeweih erläutern, die nichts anderes sei als ein moderner Gottesbeweis. O yeah, I'm back, summte versonnen Walter Mixa, bis er einnickte.

# Das Zeichen im Schnee

Eine Weihnachtsgeschichte

»Keine Angst. Immer rein in die gute Stube!« Scheu hatte der kleine Schnurrbartträger die Tür einen Spalt breit geöffnet und hätte auch wohl kaum das Lokal betreten, wenn nicht gerade der Wirt den verkrumpelten Windfang gerichtet hätte. Aus dem Schneegestöber zog der Wirt den schüchternen Gast, in dessen Augen leichte Panik aufblitzte, in das heimelige Lokal.

»Arafat?«, fragte der Wirt lächelnd, und erst da entspannten sich die Züge des Fremdlings, der offenbar aus dem Morgenland stammte. Mit einem zögerlichen Lächeln auf den Lippen wiederholte er die Parole: »Arafat.« Zielsicher geleitete ihn Schorsch, der einen wuchtigen Trommelbauch vor sich her trug, an den großen Tisch im Schankraum, an dem bereits die anderen Gäste saßen. Als gewiefter Wirt musste er nicht lange überlegen, den schmächtigen Mann, der seinen Rucksack ängstlich umklammerte, gegenüber von Marion Mellenkamp zu platzieren.

Marion war einmal eine Schönheit gewesen. Doch im Laufe der Jahre war sie allmählich verblüht, und der Rotwein hatte ihrem Gesicht seine Farbe anvertraut. Sie hatte schon alles gesehen, aber glaubte immer noch an die große Liebe. In ihrem Herzen hinter dem gewaltigen Vorbau war jedenfalls immer ein Platz frei. »Muhammad«, antwortete der Neue und schlug züchtig die Augen nieder, so dass sein Blick direkt auf ihren Busen traf, wie Marion Mellenkamp zufrieden bemerkte.

»Mu wie ›Mutti‹? Oder Mo wie ›Morgen ist auch noch ein Tag‹?«, krächzte der schwerhörige Piet. Heute, an Heiligabend, durfte er bei den übrigen Kräften sitzen, sonst verbrachte er die Abende neben der Eingangstür am »Vertriebenentisch«, wie der Wirt ihn nannte, weil Piet Steinbach hieß und keiner ihn in seiner Nähe haben wollte, roch doch der einzige Anzug, den er besaß, sehr streng. »Erst mal gemütlich. Ist doch Weihnachten«, hatte Schorsch gesagt, als er ihm einen kleinen Dufttannenbaum um den Hals hängte. Dann durfte sich Piet am Gruppentisch niederlassen.

Andrea, die Wirtsfrau, stellte Muhammad ein Glas Wasser hin. Dass jemand freiwillig auf ihren legendären Weihnachtspunsch verzichtete, konnte sie nicht verstehen. Aber in den langen Arbeitsjahren als Bedienung im »Straßeneck« hatte sie sich das Wundern abgewöhnt.

Immer noch umklammerte Muhammad seinen Rucksack. Stundenlang war er mit dem schweren Gepäck auf dem Rücken durch Berlin gelaufen. Im Morgengrauen hatte ihn der Kleintransporter, mit dem er über die deutsch-polnische Grenze gebracht worden war, im Tiergarten abgesetzt, und obwohl er sich in dem Lager in Afghanistan den Berliner Stadtplan wochenlang einprägen musste, hatte er sich prompt verlaufen, als er der Polizeipatrouille auf den Pferden begegnete. Panisch war er ins Gebüsch geflohen und hatte die Orientierung verloren. Frierend und hungrig war er durch tief verschneite Wohnviertel getaumelt, als er plötzlich vor einem Schild stand. Die Schiefertafel war in den Schnee gerutscht. Sonst konnte man auf ihr das Tagesangebot des Lokals »Zum Straßeneck« lesen, doch heute wurde, umrandet von ein paar fein säuberlich gezeichneten Sternchen, nur ein Gericht angeboten: »Gruppenfladen Arafat – Für alle einsamen Weihnachtsengel – 1 Euro«.

Arafat! Magisch zog der Name Muhammad an, auch wenn er nicht verstand, was ein Gruppenfladen war. War es ein Zeichen? War das sein Ziel? Zu Ehren Arafats trug er seinen Namen. Auch er, Muhammad, hatte am 24. August Geburtstag, weshalb sein Vater ihn nach Muḥammad Abd ar-Raḥmān Abd ar-Ra'ūf Arafat al-Qudwa al-Ḥusainī benannt hatte, den alle Welt nur als Jassir Arafat kannte. Und jetzt war er als Selbstmordattentäter bereit für den Anschlag in der deutschen Hauptstadt.

Marion Mellenkamp hatte unrasierte Beine, was immer dann deutlich zu sehen war, wenn ihre Wollsocken nach unten rutschten und den dichten schwarzen Pelz freilegten, der Muhammad in immer größere Verwirrung stürzte. Wut stieg in ihm auf. Sollte er nicht gleich hier die Bombe in seinem Rucksack zünden, um diese gottlose Gesellschaft auf einen Schlag zu vernichten? Frauen, Alkohol und … Aber hatte ihm sein Lehrer im Lager nicht auch aufgetragen, sich wie ein Fisch im Wasser zu bewegen? Hier war es so warm, fröstelte Muhammad und betrachtete nun schon wohlwollender die prächtige Frau ihm gegenüber, deren sonnenheiße Wangen glühten. Sie musste von der Morgenröte selbst abstammen …

Das große Hallo der Versammelten riss Muhammad aus seinen Gedanken. Der Wirt und seine Frau trugen ein tischlanges Brett herein, auf dem ein dampfender heller Laib lag. Am Kopfende war ein kariertes Spültuch als Palästinenserfeudel drapiert, und im Teig steckte eine dicke Hornbrille. Damals, erinnerte sich Schorsch wehmütig, als er das kleine Kunstwerk betrachtete, hasste man diesen Konsumterror zu Weihnachten. Und dann kam noch diese Israelscheiße dazu. Da wollte man ein Zeichen setzen gegen Tannenbäume und Gänsebraten und verkrustete Strukturen aufbrechen. Und Arafat war nicht verkrustet oder erst, nachdem er aus dem Ofen kam. Jedenfalls war er der einzige Araber, den man kannte. Dabei waren diese ganzen Christen, Juden und Moslems alle gleich verrückt, dachte Schorsch, während er auf seine Schäfchen blickte, die nun genüsslich Stück für Stück aus dem »Gruppenfladen Arafat« herauszupfelten.

Er war mit Andrea aus dem Kneipenkollektiv übriggeblieben und führte die Tradition fort: Heiligabend gab es »Gruppenfladen Arafat«. Für einen Euro, früher eine Mark, durfte jeder so viel essen, wie er konnte. Gefüllt war der Fladen mit einer arabisch gewürzten Hackfleischmischung, Kichererbsen und Zwiebeln. Alle einsamen Weihnachtsengel waren willkommen, und die eingesammelten Ein-Euro-Stücke wurden dem Arbeiter-Samariter-Bund gespendet. Jetzt setzte sich auch der Koch an den Tisch. Niemand wusste, wie er hieß. Namen von Köchen musste man sich nicht merken.

»Alea iacta est – was juckt das die Würfel?«, rief Piet mit vollem Mund und kratzte sich genüsslich am Sack. Neugierig, wie er war, griff er nach dem Bündel feuchter Kabel, das aus dem Rucksack lugte, den Muhammad inzwischen über die Stuhllehne gehängt hatte. »Elektrolurch?«, fragte Piet, der Muhammad wohl für einen Elektriker hielt. Bevor sein Geheimnis gelüftet werden konnte, entriss Muhammad dem Kneipenkaspar seinen Rucksack. Allerdings hatte er nicht mit Piets festem Griff gerechnet. »Der Zünder!«, erschrak Muhammad und warf sich zu Boden. In der letzten Sekunde seines Daseins aber sah er durch die Schießscharten seiner Seele nicht den üblicherweise ablaufenden Film des Lebens, vor seinem inneren Auge erschien das von der Gewaltbrille beherrschte Gesicht des längst verstorbenen Palästinenserführers, der ihm etwas mitteilen wollte, aber von einem mächtigen Busen brachial zur Seite gedrängt wurde.

Da sich die Explosion nun doch offenbar verzögerte, schlug Muhammad die Augen wieder auf. Der Sprengstoff war im Winterfrost untauglich geworden. Muhammad war nicht im Paradies, sondern noch immer im »Straßeneck«. Besorgt beugte sich Marion über ihn. »Arafat«, lächelte Muhammad. Und mit einem Mal waren sie und er eins und wussten, dass am Ende alles, alles gut würde.

Auf dem Weg zur Toilette entdeckte Muhammad eine Tür zum Hof. Im Container entleerte er seinen Rucksack. Der nutzlos gewordene Sprengsatz verschwand rappelnd zwischen Gemüseresten. Als Marion Mellenkamp später Muhammad und eine Flasche Rotwein mit nach Hause nahm, ahnte sie nicht, dass sie und der »Gruppenfladen Arafat« am Heiligabend Berlin und die Welt vor einer verheerenden Katastrophe bewahrt hatten.

# Hellenische Knöker

Das Verhältnis zwischen Griechen und Deutschen war immer gut, zumindest in den letzten 60 Jahren. Die Griechen wurstelten sich durch die Weltgeschichte und brachten Regenbogenkönige wie Aristoteles Onassis hervor, der mithilfe seines sagenhaften Reichtums von Maria Callas bis Jackie Kennedy eine kapriziöse Boulevardkönigin nach der anderen vernaschte. Um sie und auch die provinziellen Deutschen zu beeindrucken, veranstaltete der große Grieche fantastischen Unfug und ließ zum Beispiel die Barhocker auf seiner Riesenyacht »Christina O« mit Leder aus den Vorhäuten von Pottwalpenisen beziehen.

So waren sie, die Griechen: unermesslich reich und völlig irre – und um das genauer zu kontrollieren, reisten die Deutschen einmal im Jahr in die entsetzliche Hitze Hellas. Der deutsche Mann überließ dann aus Studienzwecken dem griechischen Platzhirsch seine blonde Ehefrau, denn wenn der Grieche Blondheit nur riecht, dann steigen ihm die Hormone aus den Ohren heraus und tanzen Sirtaki auf seinen Geschlechtsorganen.

So ging jahrzehntelang alles seinen gewohnten Gang, der Grieche vergaß über seine hormonellen Erleichterungen all die schrecklichen Dinge, die ihm die deutsche Wehrmacht im Zweiten Weltkrieg angetan hatte. Lieber betrog er seinen Staat, um sich einen vernünftigen Lebensunterhalt zu sichern. Die Deutschen wiederum freuten sich darüber, dass sie nach dem Zweiten Weltkrieg keine Reparationen an das verwüstete Griechenland zahlen mussten.

An höherer Stelle war verfügt worden, dass die Fehler von Versailles nach dem Ersten Weltkrieg nicht wiederholt werden sollten. Aber, und das sollte ein großes Aber der Weltgeschichte werden, eine Wiedergutmachung sollten die Deutschen leisten: Sie mussten fortan griechisch essen gehen.

Wenn man von »griechischer Küche« spricht, ist das eigentlich schon ein Oxymoron, ein Widerspruch in sich. Denn Griechen können nicht kochen. Wozu auch? Sie sind es seit Urzeiten gewohnt, Fleischbrocken auf einen Grill zu werfen, um sie im Feuer steinhart verbrennen zu lassen. Das Ganze heißt dann Souvlaki, wenn das ehemalige Fleisch auf einen klebrigen Spieß gezogen wird und aussieht wie Krusten und Borken, Popel und Knöker nach einer Polypenoperation.

Aber auch der Rest der sogenannten Küche, der sich Gyros oder Bifteki schimpft, ist nicht genießbarer – von den rohen Salaten mit ranzigem Olivenöl bis zu den Vorspeisen, die allesamt in einer spermabeigefarbenen Knoblauchtunke ertränkt werden. Vom spritigen Abführmittel namens »Ouzo« hier einmal ganz zu schweigen.

Vor vierzig Jahren kam die griechische Küche über die Deutschen. In den siebziger Jahren studierten viele Griechen an deutschen Universitäten. Plötzlich war es aus unerfindlichen Gründen modern, beim Griechen an der Ecke eine Mahlzeit einzunehmen, und die ewig geizigen und stumpfzüngigen Deutschen ließen sich einschüchtern von den olympgroßen Fleischbergen, mit denen sonst nur der Jugoslawe mithalten konnte.

Selbst in der deutschesten aller deutschen Fernsehserien, der »Lindenstraße«, wurde ein Grieche zum Hauptlokal. Doch inzwischen ist Jugoslawien untergegangen, die Türken haben im Fastfoodsegment den Gyros mit ihrem Döner verdrängt, und der Italiener hat sich ins gehobene Preissegment abgesetzt und überlässt ansonsten die Pizzabude dem nachrückenden Araber. Nur der Grieche wirft weiterhin stoisch Fleischbrocken auf den Grill und lässt sie verkokeln.

Im Zuge der Griechenlandkrise kommt es nun erstmals zu Zerwürfnissen zwischen beiden Völkern. Erste griechische Politiker fordern Reparationsleistungen für Schäden des Zweiten Weltkriegs oder den Boykott deutscher Waren. Und man kann sich sicher sein, dass demnächst irgendein steindummer deutscher Politiker zum Boykott griechischer Restaurants aufrufen wird. Es gibt immer Gestalten, die nichts begreifen, vor allem nicht historische Parallelen.

Über eins müssen sich die Deutschen allerdings im Klaren sein: Die stolzen und geschichtsbewussten Griechen werden sich niemals ändern. Die Küche eines Volkes ist immer ihr wichtigstes Kulturgut, selbst wenn sie miserabel ist. Die Griechen werden also weiter wie seit Urväterzeiten Holzkohle aus Fleisch herstellen. Und die große humane Aufgabe der Deutschen wird es sein, zum Ausgleich für die Schuld voriger Generationen die griechische Küche hinzunehmen.

Deshalb folgt hier im Sinne der Völkerverständigung ein flammender Appell: Mitbürger, Freunde, Deutsche! Geht zum Griechen an der Ecke! Esst Gyros und Souvlaki! Seid tapfer! Bis zum bitteren Ouzo! Kali orexi!

# Schötanno und die Armee der Unsichtbaren

Der rumänische Bettler vor dem Supermarkt hatte ein neues Wort gelernt: »Schötanno«. Bislang empfing er jeden mit der immer gleichen Begrüßungsformel: »Alloh«. Eine universelle Begrüßung, die leicht zu verstehen war. Aber was bedeutete »Schötanno«? Das klang wie ein Japaner, der ein niedliches Kätzchen lockt, um es zu streicheln: »Schötanno«.

Ich brauchte ein kleines Viertelstündchen, um auf die Lösung zu kommen. Schließlich erinnerte ich mich daran, dass »Alloh«, wie er inzwischen überall genannt wurde, eines Tages mit seinem knochensteifen Bein in den Supermarkt gehumpelt war, um sich ein trockenes Brötchen und eine Flasche Wasser zu kaufen. Die Kassiererin hatte ihn wie jeden anderen Kunden mit routinierter Freundlichkeit verabschiedet: »Schönen Tag noch.« Strahlend verließ der Bettler als König das Geschäft. Offenbar hatte er seine eigene Kurzversion entwickelt: »Schötanno«. Seither heißt Alloh nur noch Schötanno.

Mit seiner stets gleichbleibenden devoten Verbeugung und dem servilen Grinsen war Alloh bislang kaum beachtet worden. Doch jetzt blühte Schötanno auf – und prompt fand er Verbündete in der Armee der Unsichtbaren. Plötzlich marschierten sie vor ihm auf: Die alten, grauhaarigen, in farblosen Rüstungen steckenden Frauen, die ansonsten völlig übersehen werden, weil sie ihre sexuelle Ausstrahlung verhüllt oder längst verloren haben. Dafür besitzen sie nun die Fähigkeit, sich vollkommen unsichtbar zu machen.

Schötanno flötete sein neues Zauberwort, und eine alte Dame blieb abrupt stehen. Ohne auch nur eine Sekunde zu zögern, hatte sie ihn sofort verstanden, ja es kam zum Äußersten: ein

Dialog! »Danke, bis morgen dann«, sagte die Graue. »Morgen nein!«, erklärte Schötanno trotz der abschlägigen Auskunft freudestrahlend, denn er hatte noch eine wichtige Information für seine Gesprächspartnerin: »Morgen Bruder.« – »Bruder?«, wiederholte sie staunend, »kommt der auch zur Arbeit?« Schötanno schüttelte energisch den Kopf: »Bruder neu, kommt von …«, Schötanno zeigte mit ausgestrecktem Arm nach Süden, drehte sich dann um und wies ins Ungefähre: »… dann anders Arbeit.« Die Graue nickte verständig und hob ihren Einkaufsbeutel in die Höhe und griff hinein. Dann überreichte sie Schötanno eine Kleinigkeit, die er unter mehrmaligen Dankesbekundungen entgegennahm, um die alte Dame dann gebührend zu verabschieden: »Schötanno«.

Schötanno wird seinem Bruder von seinem großen Erfolg berichten, dass er das in der Bettlerschule erlernte »Alloh« eigenständig revolutioniert hat. Und sein Bruder wird ihm nacheifern. Wenn dann Schötanno und sein Bruder im Winter heimkehren, werden sie einiges zu erzählen haben, vor allem aber werden sie die fremde Zauberformel »Schötanno« wirken lassen. Und sie wird ihre Wirkung nicht verfehlen. Sie wird sich in ihrer Heimat weit verbreiten. Eines Tages wird jedes Kind »Schötanno« sagen, wenn es sich bei Wind und Wetter über widrigste Umstände hinweghelfen muss. Denn merke: Ein freundliches Wort – und ein Bettler wird zum König.

# Das Bayreuth von Berlin

Wuchtig wallen die gewaltigen Klänge silberner Hörner durch die regennassen Straßenschluchten. Der harte Rhythmus brachialer Pauken wird von den grauen Mauern brutal zurückgeworfen. Die kühle Morgenluft ist erfüllt von der ganzen Härte Richard Wagners, seiner Ouvertüre zu »Rienzi«. Kein Vogel wagt es zu zwitschern, nur ein paar Alte sitzen auf den Bänken am Cosimaplatz und wiegen sich wie im Rausch im aggressiven Rhythmus der Musik.

Wir sind unterwegs im Berliner Problemviertel Friedenau. Das Bayreuth von Berlin, wie ein Hamburger Nachrichtenmagazin einmal schrieb – nach der grauenhaften Stadt in Bayern, in der jener Richard Wagner zu Hause ist, der das Leben hier, so scheint es, vollkommen im Griff hat. Ganze Straßenzüge in diesem düsteren Viertel sind inzwischen nach Figuren Wagners benannt, eine echte Parallelwelt. Am Cosimaplatz lungern Käthe und Wilhelm auf einer Parkbank herum. Käthe ist ganz in Beige gekleidet und hat ihre Haare provozierend silberblau gefärbt. Wilhelm trägt ein grünes Lodenjäckchen und auf dem Kopf einen keck gemusterten Hut mit einem frechen Gamsbart. Dafür musste ein gefährdetes und geschütztes Tier sterben! Als er uns sieht, schüttelt Wilhelm voller Wut seinen knorrigen Spazierstock, der mit silbernen Wanderplaketten verziert ist, und ruft uns etwas zu, das wie »Rente, Rente!« klingt.

Normalerweise würde sich in diese abgelegene Gegend kein Fremder wagen, durch die Isolde-, Sieglinde- oder Ortrudstraße traut sich schon lange kein Jugendlicher mehr allein. Es ist zu gefährlich. Die renitenten Rentner würden einen Jugendlichen sofort als Opfer erkennen und »abziehen«, wie es in ihrer

Sprache heißt, wenn man jemandem gnadenlos hinterherzetert. Hier patrouilliert die Polizei nur noch in Mannschaftsstärke und in »Wagner-Wannen«, wie die großen Polizeiwagen inzwischen im Volksmund heißen. Denn wenn es wieder einmal Randale gibt, schallt zur Beruhigung der Alten aus den Lautsprechern auf dem Wagendach Rap-Musik von Sido oder Bushido. Nur cooler Hiphop-Sound kann die erregten Silberköpfe dann noch einigermaßen im Zaum halten.

Wir allerdings haben auf unserem Erkundungsgang über den Cosimaplatz nichts zu befürchten. Bei uns ist Konrad. Der rüstige 89-Jährige war früher selbst in der Szene, wie er sagt. Jetzt ist er Streetworker und arbeitet bei »Immergrün«, einem Hilfsprojekt, das Alte von der Straße holen und ihnen Alternativen bieten will. Konrad kennt sie alle: die »Wagnerianer«, die »Cosima-Mädels« oder die »Wotan-Jungs«, wie die Altenbanden in Berlin heißen.

Schon lange warnt die Bundesprüfstelle für altengefährdende Medien in Bonn vor der erschreckenden Entwicklung. Immer mehr Alte rotten sich zusammen und haben nur noch eins im Kopf: Gewalt. Aufgeputscht von den barbarischen Arien ihres Lieblingsmusikers Wagner lungern sie auf den Straßen der Problemviertel – ohne Rente, ohne Aufgabe, ohne Ziel. Die Musik des rohen Bayreuthers wird zur Droge, die immer mehr Alte zu unbarmherzigen Taten anstachelt.

All das schlägt sich nieder in den soeben veröffentlichten Polizeistatistiken, die zeigen, dass die Altenkriminalität in Großstädten steigt und steigt. Gerade der mickrige finanzielle Hintergrund vieler Alter führt dazu, dass sie sich Straßenbanden anschließen und so zu einer ernsthaften Bedrohung für unsere Gesellschaft werden. Vorwiegend junge Politiker fordern deshalb, dass die Altersbeschränkungen für klassische Musik nach unten gesetzt werden. Doch noch haben die Altenschützer nicht reagiert. Manche Kritiker werfen den Mitarbeitern der Bundesprüfstelle für altengefährdende Medien sogar vor, dass sie selbst zu alt und abgestumpft seien gegenüber den Brutalitäten der Hochbetagten. Was allerdings kein Wunder ist, denn die überlasteten Prüfer sehen mittlerweile den ganzen Tag nichts anderes mehr als blutige Wagner-Inszenierungen, die als CDs oder DVDs heimlich in den Altersheimen kursieren. Experten sprechen bereits von einem gigantischen Schwarzmarkt, dessen Auswirkungen auf den einzelnen Rentner kaum mehr beherrschbar sind.

Das hat auch das Kriminologische Forschungsinstitut Niedersachsen in Hannover herausgefunden. »Die Knacker sind total kaputt, Mann«, fasst Institutsleiter Christian Pfeiffer die Ergebnisse seiner jahrelangen Untersuchungen zusammen. »Voll Banane sind die im Kopf, von Wagner und so 'n Zeug, yo Mann!«, erklärt Professor Pfeiffer und rückt sein Basecap in die rechte Schieflage. Besonders die Vorspiele und Ouvertüren Wagners würden die Alten aggressiv machen, hat der Betagtenforscher Pfeiffer erkannt. Tempo und Klang, Artikulation und Phrasierung hat er genaustens untersucht und festgestellt, dass ein typisches Wagner'sches Dauervibrato die Alten geradezu in die Gewalt treiben muss. »Total krasser Sound. Geht voll auf die Omme«, meint Professor Pfeiffer. Besonders das Vorspiel zu »Rienzi« habe es den Alten angetan und sei leider kaum mehr aus der Öffentlichkeit wegzudenken, da es die Titelmusik ihrer sonntäglichen Lieblingssendung sei: »Spiegel TV«. Ein National-Magazin, das seine greisen Fans gern mit aufgebauschten Themen zu Hassgruppen wie Jugendliche oder Ausländer bedient.

»Manche von ihnen müssen nur die Titelmelodie von ›Spiegel-TV‹ hören und drehen völlig durch«, meint auch Konrad, der uns einem besonders harten Fall vorstellt: Gottfried. Regelmäßig würden am späten Sonntagabend Jugendliche durch randalierende »Wagnerianer« verletzt, bestätigt der 92-Jährige, der der Polizei als Rädelsführer der »Wotan-Jungs« bekannt ist. Er trägt einen brutal grauen Anzug und lässt provokant die Goldzähne aufblitzen. Gottfried ist der ungekrönte Herrscher über ein anderes Berliner Problemviertel, das in Charlottenburg liegt, rund um den Richard-Wagner-Platz.

Schon im U-Bahnhof trifft man auf Bilder und Motive aus Wagner-Opern. Die darum drapierte Wandverkleidung mit gezackten dunkelblauen und gelben Fliesen spiegelt das wilde Lebensgefühl der Alten wider. Auf die Bilder aus dem Schaffenswerk Richard Wagners sind sie alle besonders stolz: Gottfried, Friedrich und die anderen von den »Wotan-Jungs«, die hier den ganzen Tag sinnlos herumhängen und sich eine Oper nach der anderen reinziehen.

Keiner von ihnen ist unter 80 Jahre alt, nicht einer geht arbeiten. »Die Alten von heute!«, zischt ein junger Mann im adretten Hiphop-Outfit, der kopfschüttelnd vorbeigeht. Früher seien die Alten die Armee der Unsichtbaren gewesen – still, ruhig, passiv. Heute würden sie zurückschlagen, erklärt Gottfried und ruft dem jungen Hiphoper schonungslos seine Meinung hinterher: »Sie ungehobelter Flegel!«

Am schlimmsten seien die Vorurteile der Jugendlichen, beklagt sich der 87-jährige Friedrich. Wenn nur irgendwo eine Fensterscheibe zu Bruch gehe, sei man als Alter heutzutage sofort der Sündenbock. Dadurch würde sich, so Gottfried, ein enormer Frust unter den Alten aufstauen, der sich jedoch meist nur untereinander entlade. Dann könne es durchaus passieren, dass die »Wotan-Jungs« aus Charlottenburg mit ihren Spazierstöcken in Friedenau Jagd auf die konkurrierenden »Wagnerianer« machen würden.

Gelangweilt schaltet Gottfried jetzt den mitgebrachten Schallplattenspieler an und legt eine Langspielplatte auf: »Parsifal: Prelude« – eingespielt von dem Gangsta-Wagnerianer »Sir« Roger Norrington. Und schon wiegen sich die »Wotan-Jungs« im dunklen Rhythmus der spätromantischen Klänge.

Schockiert verlassen wir die Szene. Eins wissen wir nun: Es tobt ein Generationenkrieg in unseren Städten, dem wir alle, ob jung oder alt, uns stellen müssen, um das Schlimmste zu verhindern.

# Meine erste Million

Woher kommen Sie? Das ist ja witzig. Wussten Sie, dass ich früher für Ihre Zeitung gearbeitet habe? Am Anfang des Jahrhunderts. Das ist schon eine Ewigkeit her. Aber ich erinnere mich genau und könnte Ihnen eine Menge Geschichten erzählen. Was alte Männer gern so tun. Aber Sie sind ja wegen der Million da, meine erste Million. Gute Idee für eine Serie. Da kann ich wirklich etwas beitragen. Das war eine tolle Zeit damals. Übrigens, kurz nachdem ich bei Ihrer Zeitung aufgehört habe. 40 Jahre ist das jetzt her.

Damals war Tarantino ja schon weltberühmt. Sie wissen selbstverständlich, wen ich meine? Quentin Tarantino? Der Regisseur? Gut. Tarantino war zu Beginn dieses Jahrhunderts schon eine absolute Größe. Der erste Pop-Regisseur, wie man damals sagte. Ich sehe schon, Sie grinsen. Das klingt sehr altbacken, ich weiß. Aber damals war alles »Pop«. Alles, was irgendwie massenkompatibel war. Wie auch Tarantino. Was Hitchcock für das 20. Jahrhundert war, wurde Tarantino für das 21. Jahrhundert: der bekannteste Filmregisseur der Welt. Dabei hatte er seine großen Werke damals noch gar nicht gedreht. Erst 20 Jahre später kam ja zum Beispiel sein wunderbares Hauptwerk, dieser Liebesfilm »Me and Me«. Das ist ganz sicher einer der zehn besten Filme der Welt. Aber ich schweife ab …

Damals also hatte ich gerade das Kino wiederentdeckt für mich. Ich arbeitete nicht mehr als Redakteur und wollte mich auf Filme konzentrieren. Alle Welt redete zu der Zeit nur noch übers Internet. Ich sehe, Sie lächeln schon wieder. Auch so eine veraltete Sache. Aber damals war das Internet neu und hochmodern. Der zweite oder dritte Internet-Boom, bei dem die meisten dachten, das Internet würde alles schlucken. Doch mir war längst klar, dass das Kino eine noch größere Sache werden würde, als es sowieso schon war – und so kam es ja dann auch.

Ich hatte in meiner Jugend viel Zeit im Kino verbracht. Ich war als Zwölfjähriger bereits in einem sogenannten Filmclub in unserer kleinen Stadt. Da musste ich sonntagsmorgens 45 Minuten hinlaufen und mittags 45 Minuten zurück. So sah ich dann all die Filme, die in normalen Kinos nicht gezeigt wurden. Manches viel zu früh für einen Zwölfjährigen: ein Kunstwerk wie »Hamlet« mit dem großartigen Laurence Olivier oder einen seltsamen brasilianischen Avantgarde-Film mit dem Titel »Macunaíma«. Eine Szene werde ich nie vergessen: Wie der Junge aus dem Dschungel, der in die Großstadt geht, sich vor lauter Hunger einen Stein in die eigenen Eier schlägt, um sie essen zu können. Ich habe wie irrsinnig gelacht, und die älteren Filmclubbesucher sahen sich pikiert nach mir um, weil ich offenbar die gesellschaftliche Dimension aus Armut und Elend nicht verstanden hatte. Aber ich schweife schon wieder ab. Entschuldigen Sie bitte, ich bin schließlich ein alter Mann, ich darf das. Ich habe Ihre Millionengeschichte aber nicht aus den Augen verloren.

Manchmal allerdings, wenn ich den Film im Filmclub schon kannte oder er mir zu langweilig vorkam, dann ging ich in das Bahnhofskino. Das durften meine Eltern aber nicht wissen. Ich kam aus einer Arbeiterfamilie, und meine Eltern hatten diese sehr korrekte Vorstellung, dass es ihren Kindern einmal besser gehen sollte und dass Bildung der einzige Weg dahin sei. Zur Bildung gehörten auch Filme, sie mussten jedoch »gehobener Natur« sein. Im Bahnhofskino aber liefen all die Godzilla- und Karate-Filme oder Spaghetti-Western. Das Kino hieß damals »Bali«, eine Abkürzung für »Bahnhoflichtspiele«. Und in unserem »Bali« habe ich dann heimlich diese grandiosen Schundfilme gesehen: »Mr. Kugelblitz schlägt zu« oder »Leichen pflastern seinen Weg«. Jedenfalls war die Atmosphäre im »Bali«

wundervoll: die Schlampe hinter der Glasscheibe am Ticketschalter, der man die durchgemachte Samstagnacht ansah und die nie so genau hinguckte, wie alt man war; der heruntergekommene Kinosaal; all die gefährlich wirkenden Besucher. Im »Bali« sah ich, glaube ich, die ersten Tätowierungen meines Lebens. Damals hatten das ja nur Huren, Seeleute und Knastbrüder. Beinahe wie heute schon wieder.

Keine Angst, wir nähern uns langsam der Millionengeschichte. Als ich dann nach Berlin ging, finanzierte ich mein Studium unter anderem als Kartenabreißer und Rausschmeißer in Kinos. Damals gab es in Berlin noch diese großen Kinopaläste am Kurfürstendamm: »Royal« oder »Astor« hießen die. Und ich arbeitete in vielen, bis ich irgendwann rausflog, ich weiß gar nicht mehr, warum, irgendeine Belanglosigkeit. Aber es war eigentlich gut für mich, weil ich erkannte, dass ich jetzt etwas Vernünftiges tun musste. Studium beenden, Arbeit suchen, Ideen entwickeln. Und dann, ja dann kam die Geschichte mit Tarantino.

Tarantino hatte zum Beginn des Jahrhunderts nach seinen Anfangserfolgen gerade einen echten Scheißfilm gedreht: »Death Proof«. Entschuldigung, aber man kann es nicht anders sagen. Der Film lief schon in Amerika schlecht und wurde dort nur in gekürzter Fassung zusammen mit einem Film seines Kumpels gezeigt … – Rodrigo oder so ähnlich hieß der, glaube ich. Der ist auch schon lange tot. Der Doppelfilm von Tarantino und Rodrigo bekam den Namen »Grindhouse« und sollte wohl auf die alten schmuddeligen Kinos anspielen – und da hatte ich meine Idee. Möchten Sie noch ein Wasser? Nein? Na, ich erzähl schon weiter.

Also, damals hatte die Deutsche Bahn gerade ihren Hauptbahnhof in Berlin gebaut. Mitten in der Stadt, in der totalen Einöde. Drumherum war nichts, gar nichts. Kein Bahnhofsviertel, nur das Regierungsviertel. Öder ging's gar nicht. Aber man wollte weg von dem Schmuddelimage der alten Bahnhöfe in den Innenstädten, die Penner und Huren und Gestrandete anzogen wie Motten das Licht. Also hatte man diesen sterilen Glas- und Stahlbau hochgezogen mit diesen langweiligen Einkaufspassagen. Was aber fehlte – und das wurde mir eines Tages klar, als ich auf einen Zug mit Verspätung wartete –, war ein Kino, in das man hineingehen konnte, um vielleicht eine halbe Stunde von einem Film zu sehen, der dort 24 Stunden, sieben Tage die Woche, 365 Tage im Jahr lief. Beim nächsten Mal könnte man dann wieder hingehen, um zu erfahren, ob nun sie ihn oder doch er sie gekillt hatte. Kurz: Was fehlte, war ein »Bali«. Ein klassisches billiges Bahnhofskino.

Fragen Sie mich jetzt nicht, wie ich es geschafft habe, die lackierten Facility-Manager der Deutschen Bahn zu überzeugen. Ich sage nur so viel: Ich hatte alles Geld zusammengekratzt, das vorhanden war, auch von Freunden und Bekannten, und es in einen schwarzen Koffer gepackt. Zum Schluss unseres Gesprächs schob ich den Koffer diesen Hausmeistern in Nadelstreifenanzügen hinüber. Aber letztlich war die geniale Idee entscheidend.

Ich erklärte den Bahn-Managern, dass man für einen Film von Quentin Tarantino das richtige Umfeld schaffen müsste. Eben mit einem Bahnhofskino. Das kein echtes Bahnhofskino sei, sondern ein – so nannte man das damals – »Kult-Kino«. Das sollte eine Art »Simulation« des guten, alten »Bali« werden. Mit dem üblichen Inventar: der Schlampe hinterm Tresen; dem heruntergekommenen Kartenabreißer, der den Frauen in den Ausschnitt schielt; dem muffigen Geruch nach kaltem Rauch im Kinosaal; dem unwirsch herumschlurfenden Filmvorführer im grauen Kittel; den verhuschten Männern im Publikum, die ihre Mäntel auf dem Schoß liegen haben und darunter verdächtig schnelle Handbewegungen vollführen; dem Verrückten, der sich während des Films ständig umsetzt und irgendwann fluchend rausläuft und dabei irre Warnungen ausstößt;

der Filmrolle, die mittendrin reißt … Es war alles eine gut inszenierte Show.

Alles weitere wissen sie ja wahrscheinlich. Es wurde der größte Kinoerfolg aller Zeiten. Dank Quentin Tarantino, der Deutschen Bahn und mir. Allein »Death Proof« lief zehn Jahre im »Bali« Berlin. Und wir hatten immer ein volles Haus. Heute habe ich Lizenzen für »Balis« in aller Welt. Tja, so einfach war das damals. Du hast eine Idee und machst deine erste Million.

# Frühlingsflut am Redefluss

Den Weg entlang am Redefluss zu nehmen, ist nicht leicht. Der Deich ist beinahe überspült, der Rede Flut bedrohlich angeschwollen. Der Frühling naht, das Eis des Schweigens ist gebrochen, im winterlichen Wortgebirge taut der überflüssige Palaverschnee. Vokabelschollen türmen sich, und die Dingwörter sind in den Fluss geraten. Gar nicht stumm taumeln sie stromabwärts. Nun flüstert niemand mehr, die Verse schreien ohrenbetäubend im steigenden und fallenden Takt: »Talk, Talk, Talk.« Und alle Wasserarme vereinigen sich, bis sie ins Meer der Stille münden.

Vater Reim ist nicht fein anzusehen. Er trägt sein dunkelbraunes Kleid, das übel aufgequollen. Er raunt und ächzt und stöhnt und zischelt unter der Last des tauenden Geschwätzes. Ein einzig Stampfen und Krachen bietet das vom Eise fast befreite Schauspiel. Vom Damm aus links liegt eine Brücke über den Kwai, geschlagen zwischen Wortvergangenheit und -zukunft. Doch hier zählt keine Herkunft mehr. Mitgerissen wird, was nicht niet- und nagelneu ist. Seht dort! Ein Daktylus hebt und senkt sich in den Wellen, die sonst die Modewörter ausspucken. Und schon verschwindet er hinter der Biegung, dorthin, wo das Flussknie gewöhnlich schwache Substantive beugt. Bald ist der Rubikon überschritten.

Einer Sachbuche in der Böschung droht der erste Fall. Verzweifelt klammert sie sich mit ihren Sprachwurzeln an den Urschlick der Etyme. Und der gewaltige Redestrom murmelt im Brustton der Überzeugung seinen unabänderlichen Kommentar: »Wer oder was? Wer oder was? Wer oder was?« Irgendwo bellt ein Hurenkind.

Ein Wortstrudel hat sich unter einem Klangpfeiler gebildet. In ihm versinkt eine ganze Sprachfamilie. Rasend schnell verändert hatte sie sich, doch hier ist ihr Weg beendet. Ihr Sinngehalt ist hin für immer. Dafür twittert ein wilder Wasserfall seinen Slang, der allenfalls Gelalle übermittelt: »lol, lol, lol.«

Einen vergilbten Einband als Floß nutzend, reiten ein paar Onomatopoetika die Schnellen herab. Ungerührt vom wilden Tosen um sie herum schauen sie neugierig in die Gegend und grüßen jeden mit ihren Lautmalsalven: »Boing, Blubb, Giggel, Gluck, Pflatsch, Platsch.«

Da kommen die Nachzügler. Eine Katachrese treibt vorbei und versucht vergeblich, Halt zu finden bei einem steinalten Symbol, das so zugewachsen ist mit nassem Moos, dass es zu glitschig ist, um Rettung zu bieten. Längst hat jeder vergessen, was nasses Moos bedeutet.

Eine erstarrte Metapher klammert sich an einen Wortbaumstamm und ruft immer wieder mit unerträglicher Überheblichkeit: »Ich will nicht über den Jordan gehen!« Zwei unermüdlich paddelnde Synekdochen brüllen ihr frech hinterher: »Über die Wupper heißt das!«

Da wird es auch Vater Reim zu viel. Schwer grummelnd überschwemmt er Auen und Niederungen und hält mit vor Wut feuchten Augen eine letzte Rede, die in dem Schlusswort gipfelt: »Nur tote Fische schwimmen mit dem Strom / Prost, Gemeinde! Ich go home.«

Jetzt zieht sich Vater Reim in sein Bett zurück und zeugt mit Mutter Sprache sein siebentausendunderstes Kind. Und endlich ist Frühling.

# Post aus Kabul

Am Morgen des 13. Februar 2001 war nicht viel los, es war ein ruhiger Dienstag. Die Nachrichtenticker gaben nicht viel her, und die Kleintexte auf der Wahrheit-Seite der taz füllten sich nur schleppend. Kurz vor Redaktionsschluss aber kam eine AP-Meldung herein über ein Erdbeben in Indien und die Reaktion »islamischer Kleriker« auf die Katastrophe: »Moslems machen Fernsehen für Erdbeben verantwortlich.« Der absurde Inhalt verlangte nach dem ältesten Mittel der Satire, der Verkehrung. Ein inverses Lob für die fernsehkritischen Gottesmänner musste her, und so entstand der folgende 28-Zeiler unter dem Titel »Mullahs immer klüger«:

»Bislang dachten wir immer, Christen sind die klügsten Menschen der Welt, jetzt stellt sich heraus, es sind Muslime. Im indischen Unionsstaat Gujarat machen die Muslime das Fernsehen für das verheerende Erdbeben vor zweieinhalb Wochen verantwortlich. Sie warfen am Dienstag hunderte Fernsehgeräte von Hausdächern oder zerstörten sie mit Eisenstangen. Allein in der Stadt Surat wurden rund 400 Geräte zerschlagen. Dort hatte ein islamischer Kleriker erklärt, das Fernsehen habe die Gedanken der Menschen vergiftet und Allah erzürnt, und dies sei die Ursache für das Beben. Während wir im gedankenfaulen Europa die geistigen Auswirkungen von ›Arte‹, dem ›ARD-Presseclub‹ und dem ›ZDF-Nachtstudio‹ völlig unterschätzen, weiß der kluge Mullah längst: Allah ist groß, Allah ist mächtig, er hat einen … von drei Meter sechzig.«

Die drei Pünktchen gab es selbstverständlich im Originaltext nicht, aber sie sind hier bewusst gesetzt, denn sie wurden zum schwarzen Stein des Anstoßes und sollen aus Sicherheitsgründen nicht wiederholt werden. Jedem halbwegs denkenden Leser wird sowieso klar sein, was gemeint ist. Aber die Reaktionen nach dem Erscheinen des winzigen Textleins am 14. Februar 2001 waren gewaltig.

Groß war die Aufregung vor allem unter Muslimen, die die Wahrheit der Gotteslästerung beschuldigten, bei der Staatsanwaltschaft anzeigten und eifrig mit Post bombardierten. Tausende von Briefen, Faxen, Mails und sogar Unterschriftenlisten erreichten die Redaktion aus aller Welt. Noch immer hält der Wahrheit-Redakteur mit 13.000 Leserbriefen den taz-internen Weltrekord. Es hagelte Beschwerden: »Sie haben kein Recht, durch Beleidigungen und herabwürdigende Äußerungen Millionen von Muslimen in Deutschland in ihren religiösen Anschauungen zu verletzen«, schrieb ein Schwerverletzter. Viele Beleidigte verlangten eine Entschuldigung: »Ich erwarte, dass die taz sich für diese bedauerliche Passage auf niedrigstem Niveau entschuldigt.« Auf niedrigstem Niveau entschuldigen? »Kein Problem: Tschuldigung«, schrieb der Wahrheit-Redakteur in einer ersten Stellungnahme.

Viele Briefe waren von anonymen Absendern: »Ihr verfickten Arschlöcher. Habt ihr denn nichts anderes zu tun als euch gegenseitig in den Arsch zu ficken?«, fragte nonchalant ein gewisser »Nobody«. Und ein anderer namenloser Schreiber freute sich: »Ihr seid das dreckigste Geschöpf auf der Erde.« Die Briefe waren auch eine Reaktion auf die reißerische Berichterstattung der türkischen Boulevard-Zeitung »Hürriyet«, die am 28. Februar 2001 auf der Seite eins ihrer Europa-Ausgabe schlagzeilte: »Inanilmaz hakaret« (Unglaubliche Beleidigung). Daraufhin zog das Berliner Boulevardblatt *B.Z.* am 2. März 2001 nach und titelte neben dem Foto des Wahrheit-Redakteurs: »240.000 Berliner Moslems empört«.

Am 16. Februar 2001 um 15.54 Uhr war dann schließlich nichts mehr so, wie es einmal war. Es kam Post aus Kabul. Unter der

Adresse »Osama@binladen.com« schrieb der Verfasser nur einen Satz: »taz wird in die Luft springen. Versprochen.« Leider ließ sich die Adresse trotz intensiver Bemühungen der taz-Technik nicht mehr auf ihren Ursprung zurückführen. Aber wozu auch? Wo Bin Laden draufsteht, steckt auch Bin Laden drin. Was aber sollte man tun? Zurückschreiben und sich bedanken? Bin Laden bei der Polizei anzeigen? Das Schreiben an den arabischen Fernsehsender al-Dschasira verkaufen, der ja fast jede Verlautbarung des Terrorführers sofort ausstrahlte? Würde die Wahrheit dann nicht der Bundesregierung einen weiteren Grund liefern, den Krieg auf die »Achse des Bösen« auszuweiten?

Die Wahrheit entschloss sich zu einer vernünftigen Erklärung und veröffentlichte eine ganzseitige Stellungnahme im Blatt, in der die Herkunft des Verses erläutert und daraus eine Art satirische Programmatik entwickelt wurde:

»Der zitierte Kinderreim ist nicht neu und existiert in mehreren Formen, wie schon in Peter Rühmkorfs 1969 erschienenem Werk ›Über das Volksvermögen‹ nachzulesen ist: ›Allah ist groß, Allah ist mächtig, wenn er auf den Stuhl steigt, ist er ein Meter sechzig‹ oder ›Allah ist mächtig, Allah ist groß, fünf Meter sechzig und arbeitslos‹. Diese komischen Verse stehen in der Tradition der ›Pfarrerverse‹, die ihren Witz daraus beziehen, dass religiöse Figuren mit unerwarteten, meist sexuellen Motiven konfrontiert werden: ›Der Pfarrer von Kempten / der stärkt seine Hemden / mit eigenem Samen / in Gottes Namen / Amen‹ oder: ›Der Pfarrer von Loretto / dem seiner wiegt netto / zwei Kilo ein Pfund / sonst ist er gesund‹.

Solche Scherzreime haben eine Art Blitzableiterfunktion, indem sie die Macht der Religion unterlaufen und ihre Zwanghaftigkeit ins Lächerliche kippen lassen. Wie auch der ›Allah ist groß‹-Vers, der im Kontext des Erdbebentextes eines zeigen sollte: Wenn Muslime so infantile Reaktionen auf eine Naturkatastrophe zeigen, indem sie TV-Geräte zerstören, dann muss man sich mit Hilfe kindisch alberner Komik fragen, was denn das für ein seltsamer Gott ist, der sich solche Anhänger wählt. Anhänger, die dem Autor für diesen antireligiösen Scherz die Fatwa an den Hals wünschen und in ihrer hysterischen Aufregung übersehen, dass es sich nicht, wie behauptet, um eine rassistische Äußerung handelt.

In der taz gibt es regelmäßig eine breite Berichterstattung über Muslime und ihre politischen Organisationen, die selbstverständlich auch auf ihre Religion eingeht. Es gibt in der taz allerdings eine Tradition der antireligiösen Kritik, die der Tradition der Aufklärung verpflichtet ist. Diese aufgeklärte Vernunft wendet sich gegen jede zwanghafte Form von Religion. Die Satire ist ein Kind der Aufklärung. Und so gehört zum Leben in einer multikulturellen Gesellschaft auch das Verständnis dieser säkularen Tradition, die nicht nur das herrschende Christentum, sondern auch den Islam in die Satire einbezieht. Es ist eher eine Form der Anerkennung, wie wichtig in unserer Gesellschaft die drittgrößte Religionsgruppe geworden ist. Statt sie auszugrenzen, werden Muslime genauso behandelt wie andere Gläubige auch.

Damit Komik entlarvend wirkt, müssen Regeln verletzt werden. Vor allem jene Regeln, die angeblich von einer höheren Macht aufgestellt wurden und in deren Auftrag Glaubensritter anderen Menschen etwas wegnehmen oder verbieten wollen. Es gibt das Grundrecht auf Meinungsfreiheit und Albernheit. Dem allein ist die Wahrheit verpflichtet. Dass allerdings wegen des Abdrucks dieses komischen Kinderreims sogar eine Demonstration vor der taz-Vertretung in Bochum geplant war, wie einer der empörten Briefeschreiber mitteilte, macht die Arbeit der Wahrheit fast überflüssig, entlarvt sich der Vorgang doch selbst als Satire.

Leider produzieren aber nicht alle Wahrheit-Kandidaten eigenhändig solche Satiren auf sich selbst. Deshalb braucht es immer noch die Wahrheit und die taz, die als einzige Tageszeitung die satirische Form der Auseinandersetzung mit den Phänomenen der Wirklichkeit ermöglicht.«

So weit die geradezu pastorale Erklärung, die allerdings mehr dazu diente, das Unbehagen bei Redaktion und Chefredaktion zu dämpfen und die Reihen zu schließen gegen Angriffe von außen. Und so wurden selbst die morgendlichen Morddrohungen am Telefon einfach ignoriert. »Hunde, die bellen, beißen nicht«, lautete das Motto der Wahrheit, die weniger mutige Gemüter aufmuntern wollte. Und lange hat die Wahrheit selbst daran geglaubt – bis die Mörder von »Charlie Hebdo« kamen. Auch deshalb stehen heute in diesem Text drei Pünktchen, wo es geradeheraus »Arsch« heißen sollte.

Eine Anekdote hätte einem aber schon damals zu denken geben können: Eine befreundete Lehrerin erzählte dem Wahrheit-Redakteur, dass sie im Unterricht das Thema »Zeitungen« durchgenommen habe. Was die Schüler an Printmedien kennen und welche Erfahrungen sie mit ihnen hätten? Darauf fragte einer der Schüler zurück, was denn die Lehrerin lese, und als die antwortete, die taz, zog er den *B.Z.*-Artikel mit dem Foto des Wahrheit-Redakteurs hervor. Das Bild war mit einem dicken roten Filzstift durchgekreuzt worden.

# Der Penis-Prozess

Im Hof des taz-Gebäudes in der Berliner Rudi-Dutschke-Straße stehen den ganzen Tag über giggelnde Japanerinnen, grinsende Spanier oder höhöhende Deutsche – Schüler auf Klassenfahrten oder Reisegruppen auf Hauptstadtbesuch. Alle zücken ihre Smartphones und knipsen das Wandkunstwerk unter dem Titel »Friede sei mit Dir«. Eine Anspielung auf die Verlegerin Friede Springer, zu deren Konterfei sich ein gigantischer lachsfarbener Penis hinaufschlängelt, weshalb das Werk auch als »Pimmel über Berlin« bekannt ist. Das Vorbild für den überdimensionalen Schniepel lieferte der heutige *Bild*-Herausgeber Kai Diekmann. Ihm dichtete einst der Wahrheit-Autor Gerhard Henschel eine Penisverlängerung an, und deshalb ist das Pimmelkunstwerk heute weltweit in Reiseführern als bekannte Berliner Sehenswürdigkeit verzeichnet.

Henschels Satire führte zum sogenannten Penis-Prozess. Schon länger hatte sich der Wahrheit-Autor mit den Machenschaften des damaligen *Bild*-Chefredakteurs Kai Diekmann beschäftigt, der das Blut-und-Sperma-Blatt in seiner Amtszeit knallhart sexualisierte. Immer mehr Nacktbilder überschwemmten die Boulevard-Zeitung, die zudem verstärkt auf Prominentenberichterstattung setzte. Dazu gehörte auch die Geschichte des Schweizer Botschafters Thomas Borer und seiner Frau Shawne Borer-Fielding. Im Jahr 2002 wurde Borer vom Schweizer Boulevardblatt *Blick* ein Verhältnis mit einem sogenannten Botschaftsluder unterstellt. Nach einer Fehlgeburt seiner texanischen Frau brachte *Bild* die Geschichte in besonders widerlicher Form auf ihre Titelseite.

Vor diesem Hintergrund schrieb Henschel seine Untenrum-Satire mit dem Titel »Sex-Schock! Penis kaputt?«. Der Boulevardist habe die Operation angeblich in Texas für »500 Dollar« vornehmen lassen. Dabei, so Henschel, sei wohl etwas schiefgegangen. Mehr darf man heute leider aus dem Text nicht zitieren, aber bereits die »500 Dollar« zeigen, dass Henschel das komische Stilmittel der Litotes, also der Untertreibung, brillant einsetzt, um dem Durchschnittsleser zu verdeutlichen, dass es sich um eine Satire handelt. Wer würde schon nur 500 Dollar für eine solch wichtige Operation an seinem besten Stück bezahlen? Sicher nicht ein *Bild*-Chef, der Millionen verdient.

Im Text aber war der Eingriff in die Intimsphäre so offensichtlich, dass man sich wegen der möglichen juristischen Folgen mit dem Hausjustiziar und der Chefredaktion abstimmen musste. Die Einschätzung war unentschieden: fifty-fifty. Die Chefredaktion meinte, dass Diekmann gerade versuche, in der Branche als seriöser Journalist eines ernsthaften Leitmediums wahrgenommen zu werden. Deshalb sei er bestimmt nicht so dumm, wegen einer Satire zu klagen. Also riskierten wir es. Der Text erschien am 8. Mai 2002. Und Diekmann tat uns den Gefallen: Er klagte.

30.000 Euro Schmerzensgeld verlangte der Schwerverletzte. Dazu wären die immensen Prozess- und Anwaltskosten gekommen, die gern das Zehnfache des Streitwerts annehmen können, was für die taz eine durchaus existenzbedrohende Summe hätte sein können. Die Abwehrstrategie umfasst in solchen Fällen fünf Schritte. Als Erstes wird der Autor aus der Schusslinie genommen, um die Blicke der Angreifer auf die Redaktion zu ziehen. Als Zweites müssen die Reihen in der eigenen Familie geschlossen werden, vor allem die Chefredaktion wird auf den gemeinsamen Gegner eingeschworen. Als Drittes liefert man dem Consigliere für die rechtliche Auseinandersetzung fundierte Argumente zu den künstlerischen Stilmitteln und der Vorgeschichte. Als Viertes sucht man sich Verbündete in anderen medialen Familien zur Unterstützung und Feindbeobachtung. Und als Letztes gehen die Wahrheit-Redakteure auf die Matratzen und essen viel Spaghetti Bolognese: »Wir führen Krieg, Don Michele.«

Da die taz keinen hohen Werbeetat für Anzeigenkampagnen hat, muss man bei solchen Gelegenheiten ein redaktionelles Marketing betreiben und den Vorgang medial ausschlachten, auch um ein günstiges öffentliches und damit rechtliches Klima zu schaffen. Die Penis-Affäre gab bald Anlass für viele süffisante Medienberichte, deren Autoren sichtlich genossen, es der mächtigen *Bild*-Zeitung einmal heimzuzahlen. Es wurde sogar eine TV-Reportage für den NDR über den Fall gedreht: »Witze vor Gericht«.

Wir hatten viel Spaß mit Diekmanns Penis! Ein meisterliches Werk der Penis-Kunst stammte von Wahrheit-Zeichner ©Tom, der in der Woche vor dem ersten Prozess auf der Seite einen Countdown startete – einen täglich immer kürzer werdenden geflickten Pimmel. Und allein den gegnerischen Anwalt zu erleben, den feinsinnigen Juristen Peter Raue mit seiner gediegenen Fliege, der sich sonst nur mit Hochkunst in der Berliner Nationalgalerie beschäftigt und nun dauernd im Gericht angewidert das Wort »Penisverlängerung« in den Mund nehmen musste, war die Arbeit wert.

Juristisch ging der Vorgang durch zwei Instanzen, bis das Berliner Kammergericht das letzte Urteil fällte: Zwar handle es sich bei dem Stück von Henschel um eine Satire, aber es läge eindeutig eine Persönlichkeitsrechtsverletzung vor, befanden die Richter, die jedoch auch darauf erkannten, dass die Verletzung nicht so schwerwiegend sei, dass dem Kläger daraus ein Schmerzensgeld zustände. Vielmehr müsse der *Bild*-Chefredakteur hinnehmen, dass für ihn andere juristische Maßstäbe gelten: »Die Kammer hält dafür«, heißt es in der Urteilsbegründung, »dass derjenige, der – wie der Kläger – bewusst seinen wirtschaftlichen Vorteil aus der Persönlichkeitsrechtsverletzung anderer sucht, weniger schwer durch die Verletzung seines eigenen Persönlichkeitsrechtes belastet wird. Denn er hat sich mit Wissen und Wollen in das Geschäft der Persönlichkeitsrechtsverletzungen begeben und wird daher – nach allgemeinen Regeln menschlichen Zusammenlebens – davon ausgehen, dass diejenigen Maßstäbe, die er anderen gegenüber anlegt, auch für ihn selbst von Belang sind.«

Verständlicher gesagt: Wer den ganzen Tag die Unterhosen fremder Menschen aus dem Fenster hängt, der sollte einmal spüren, wie es ist, wenn die eigene Unterhose im Wind flattert. Abschließend verfügte das Gericht, dass der Text nicht mehr veröffentlicht werden darf. Jeder Verstoß würde ein Ordnungsgeld von 250.000 Euro nach sich ziehen. Die Kosten des Verfahrens wurden im Verhältnis 2/5 beziehungsweise 3/5 zu Lasten des Klägers Kai Diekmann aufgeteilt. Im Boxen nennt man so etwas einen Punktsieg – für die Wahrheit.

Die außerordentliche juristische Bewertung hatte durchaus publizistische Konsequenzen. Die brutalen Intim-Entgleisungen auf dem Boulevard sind seltener geworden, und *Bild* ist heute etwas zahmer. Zehn Jahre später sprach Kai Diekmann in einem Interview mit der türkischen Zeitung *Hürriyet* vom größten Fehler seines Lebens.

2009 schuf der vom Bodensee stammende Künstler Peter Lenk sein Werk »Friede sei mit Dir«. Manchmal sitzt Kai Diekmann nun im Garten des taz-Cafés unter seinem Penis und lässt sich bestaunen. Inzwischen ist er sogar taz-Genosse, einmal erschien er auf der Geno-Versammlung in einem T-Shirt mit einem Bild von ihm als Che.

Als die taz in der Friedrichstraße ein großes neues Haus baute und bezog, überlegte man, was nach einem Umzug mit dem Penis-Kunstwerk in der Rudi-Dutschke-Straße geschehen sollte. Vielleicht kauft es ja Kai Diekmann, es soll allerdings über 200.000 Euro wert sein. Was sich der Springer-Mann durchaus leisten könnte. Nach Schätzungen verdient er mindestens 1,5 Million Euro brutto im Jahr. Dann könnte er es zu Hause in Potsdam als Kunst am Bau anbringen und sich von seinen Nachbarn darunter ständig bewundern lassen.

# Die Kartoffel-Affäre der Zwillinge Kaczyński

Neben dem großen Konferenzraum im Berliner Redaktionsgebäude der taz hängt ein Schwarzes Brett. Dort werden alle vom Ausschnittdienst gesammelten Artikel aus anderen Zeitungen angepinnt, die taz-Geschichten zitieren. Wie alle Ressorts ist die Wahrheit stets ordentlich vertreten, doch im Juli 2006 bordete das Brett über. Zeitungen aus aller Welt berichteten über die Wahrheit und ein Stück, das sich mit dem polnischen Präsidenten Lech Kaczyński beschäftigte: »Polens neue Kartoffel« (taz vom 26.6.2006). Der nationalkonservative Politiker war im Jahr zuvor zum polnischen Staatsoberhaupt gewählt worden, während sein Zwillingsbruder Jarosław im Juli 2006 als Ministerpräsident vereidigt werden sollte.

Geschrieben hatte die satirische Polemik der Göttinger Wahrheit-Autor Peter Köhler, der übrigens mit einer bahnbrechenden Arbeit über den Nonsens als literarische Kategorie promoviert hatte. Die Satire stammte aus einer Serie, die nun schon drei Jahre lief: »Schurken, die die Welt beherrschen wollen«. Köhler parodierte darin den Verlautbarungstonfall offizieller Politikerbiographien. Erstes Opfer war der »brutalstmögliche Roland Koch« im Jahr 2003, aber auch Saddam Hussein oder George »Son of a« Bush oder Jürgen »Jumbo« Trittin wurden behandelt und verarztet.

Köhlers schärfste Waffe ist bis heute die Phrasensprengung, er zerlegt eine Redewendung oder Floskel in ihre Bestandteile und setzt sie dann mit verwandten Elementen neu zusammen. So kommen dann Formulierungen zustande, dass Otto Schily »vom Finger im Getriebe zur Schraube im Staat« wurde oder dass Ursula von der Leyen »die Ellenbogen am rechten Fleck sowie ein Dauerlächeln im Vordergesicht« hat. Diese komische Dekonstruktion der Sprache verstehen manche humorfernen Kollegen nicht – wie zum Beispiel die Mitarbeiter des *Spiegel*, und so landeten Zitate Köhlers bereits mehrfach im »Hohlspiegel«, der eigentlich unfreiwillig komische Fehlleistungen von Journalisten abbilden soll. Dass Köhlers Katachresen, also schiefe Sprachbilder, bewusst als Stilmittel der Komik eingesetzt werden, geht über den Horizont des Hamburger Sturmgeschützes.

Im Fall Kaczyński wählte die Wahrheit-Redaktion bewusst den Kartoffel-Titel in Anlehnung an Satiren der achtziger Jahre über den seinerzeitigen Papst Johannes Paul II., der von der Neuen Frankfurter Schule nur »die polnische Kartoffel« genannt wurde. Jetzt waren »Polens neue Kartoffeln« herangewachsen, und die knollige Metapher schien Lech Kaczyński und seinen Bruder Jarosław fast noch mehr zu wurmen als die Anspielung auf ihre Mutter, bei denen einer der Zwillinge damals noch wohnte, was ihn zum Muttersöhnchen machte.

Nach einer eilig von offizieller Seite angefertigten, fehlerhaften Übersetzung ins Polnische war der Teufel los im Warschauer Präsidentenpalast. Das polnische Staatsoberhaupt ging sogar so weit, ein Treffen des sogenannten Weimarer Dreiecks am 3. Juli 2006 abzusagen. Angeblich könne er »wegen einer plötzlichen Magenverstimmung« nicht zum Termin mit dem französischen Präsidenten Jacques Chirac und der deutschen Kanzlerin Angela Merkel erscheinen, hieß es. Kaczyński aber war schlicht beleidigt und hob die eher harmlose Satire auf eine höhere diplomatische Ebene. Er forderte eine offizielle Entschuldigung des deutschen Außenministers Frank-Walter Steinmeier, der das absurde Ansinnen mit dem Verweis auf die in Deutschland herrschende Pressefreiheit selbstverständlich ablehnte. Als die Geschichte zum Aufmacher in der abendlichen »Tagesschau« vom 3. Juli 2006 wurde, hatte die Wahrheit endgültig eine »Staatsaffäre« ausgelöst, wie die taz am 5. Juli 2006 auf der Seite eins titelte.

Ohne den Vorgang allzu nationalküchenpsychologisch erklären zu wollen, lässt sich die Sicht der Kaczyńskis ungefähr so darstellen: Nach ihrer bäuerlich-konservativen Ideologie, die direkt aus den fünfziger, wenn nicht dreißiger Jahren ins neue Jahrhundert transportiert worden zu sein scheint, ordneten die Kaczyński-Brüder den satirischen Angriff auf das polnische Staatsoberhaupt als Teil einer angeblichen publizistischen Kampagne der deutschen Medien gegen die polnische Nation ein. Dazu gehörte die vermeintlich wiedergewonnene Stärke der deutschen Vertriebenenverbände unter Führung der unsäglichen Erika Steinbach, aber auch die immer wieder auftretende Gedankenlosigkeit deutschsprachiger Medien, die von »polnischen Konzentrationslagern« schrieben, wenn sie die auf dem Gebiet Polens liegenden Todeslager des Dritten Reichs meinten, was von den verblüffend ignoranten Kaczyńskis und ihrem Gefolge als Versuch der Entschuldung der deutschen Täter gesehen wurde.

Nichts davon hatte mit Köhlers Wahrheit-Satire zu tun. Dennoch setzte Kaczyński seine Truppen zumindest sinnbildlich in Marsch. Wegen Beleidigung ermittelte die »Prokuratura Okregowa«, die Bezirksstaatsanwaltschaft Warschau, gegen den Autor und die verantwortlichen Redakteure, die unter der Hand gewarnt wurden, in nächster Zeit besser nicht nach Polen zu reisen. Man hätte an der Grenze verhaftet werden können, denn »wegen einer Tat aus dem Artikel 135 Paragraph 2 des Strafgesetzbuches«, wie der Bezirksstaatsanwalt »hochachtungsvoll« schrieb, drohte eine nicht geringe Strafe.

Das weltweite Echo war enorm, das Ausschnittbrett in der taz bog sich unter der Flut der Zeitungsschnipsel. Um den Autor zu schützen, der bei solchen Geschichten aus Sicherheitsgründen prinzipiell aus der Schusslinie gehalten wird, gab der verantwortliche Wahrheit-Redakteur eine Stellungnahme nach der anderen ab und war plötzlich überall auf Sendung: live in den Nachmittagsnachrichten von N24; als Interviewpartner für in-

und ausländische Radiostationen; für das dänische und holländische Fernsehen sowie für den afrikanischen Dienst von Deutsche Welle TV. Zeitungen aus aller Welt wie die *New York Times*, *India Daily*, *Gulf Times*, der *Sydney Morning Herald* oder auch das *Borneo Bulletin* ließen ihre Korrespondenten über den bizarren Skandal berichten, die Resonanz auf das »Potato-Gate« (*The Atlantic Times*) war immens – besonders in Polen. Gerade die polnischen Leserbriefe vermittelten eher einen positiven Tenor im Nachbarland: Die Kaczyńskis müssten lernen, dass sie keine absolutistischen Herrscher sind und ihre Kritiker nicht wegen Majestätsbeleidigung verfolgen könnten.

Und was war das Ende des Spottliedes? Hat der Text über die Medienrezeption hinaus eine spürbare Wirkung erzielt, gar Veränderungen bewirkt? Wohl kaum. Die Geschichte wurde in ein Kartoffelkochbuch aufgenommen (»60 Rezepte und Geschichten rund um die bunte Knolle«). Und nach einem Jahr wurden am 7.12.2007 die Ermittlungen in Warschau stillschweigend eingestellt. Auch eine Beschwerde beim Deutschen Presserat wurde als unbegründet zurückgewiesen.

Und Lech Kaczyński selbst? Der »Enterich«, wie sein Spitzname in Polen lautete, ist inzwischen tot, im Jahr 2010 stürzte er mit einer Regierungsmaschine in Russland beim Anflug auf Katyn, den mystischen Ort der polnischen Geschichte, ab. Nihil nisi bene – nichts Schlechtes über die Toten soll man sagen, heißt es, und das gilt auch an dieser Stelle. Dafür behalten wir uns alles Entsprechende für die Lebenden vor. Treibt doch Lechs Zwillingsbruder Jarosław immer noch sein Unwesen in der polnischen Politik und hält wahlweise die Russen oder die Deutschen für die größten Übeltäter seiner Zeit. Lassen wir ihm diesen Glauben. Er wird der polnischen Spaßbremse auch in Zukunft wenig nützen.

# Unverlangte Li-La-Lyrik

Ich hasse Gedichte! Jedenfalls schlechte, von denen ich jeden Tag mindestens eines per Post bekomme. Gedichte werden selten als E-Mail verschickt, sie werden sorgfältig auf gediegenes Briefpapier gepinselt und in akkurat verzierte Umschläge verpackt. Täglich entnehme ich meinem Büropostfach eine dieser Botschaften, deren Inhalt ich schon von außen erkennen kann. Dann stehe ich im Fahrstuhl und reiße das Kuvert auf, rolle mit den Augen und stöhne so laut, dass die Kollegen erschrecken: »Ein Gedicht, ein Gedicht!«

»Wer reitet so spät durch Nacht und Wind, / es ist die Merkel mit ihrem Flüchtlingskind«, rumpelt es los und geht auch nicht besser weiter. Zuvor hat der Verfasser in einem zehnseitigen Anschreiben seinen Lebenslauf mitgeteilt und, dass er auf eine einmalige Idee gekommen sei. Er bringe nämlich die aktuelle Lage mit einem seit seiner Schulzeit nicht mehr gelesenen Poem auf den Punkt. Exklusiv biete er uns das wertvolle Meisterwerk an, wobei *Spiegel* und *Zeit* ebenfalls Interesse bekundet hätten und an der Sache dran seien, weshalb man schleunigst zuschlagen und es drucken sollte, bevor es zu spät sei.

Neunzig Prozent dieser Verse paraphrasieren bekannte Klassiker: »Denk ich an Deutschland in der Nacht, / bin ich um den Schlaf Horst Seehofers gebracht!« Goethe, Schiller, Heine sind die zeitlosen Heroen des bildungsbürgerlichen Teilzeitdichters. Es ward aber auch schon ein Wilhelm Busch oder sogar Robert Gernhardt gesehen. Noch immer gilt, was Moritz Gottlieb Saphir 1842 in der Wiener Zeitschrift *Der Humorist* am »Gelegenheitsdichter« tadelt: »Bei dieser Gelegenheit wird denn gelegentlich zusammengestohlen, was einem eben gelegen ist, denn: Gelegenheit macht Diebe!«

Ich hasse Gedichte! Weil ich ein schweres Erbe übernommen habe. Seit mehr als zwanzig Jahren gibt es auf der Wahrheit-Seite der taz jeden Donnerstag ein komisches Gedicht. Eingeführt wurde der Gedichtetag von der Wahrheit-Redakteurin der neunziger Jahre Carola Rönneburg, die später auch einen Sammelband mit den besten Werken herausgegeben hat: »Oben lag der Apennin / Unten legte ich mich hin«. Das Buch beginnt mit den veritablen Worten: »Die Wahrheit spricht / im Reimgedicht.«

In zwei Jahrzehnten haben sich die donnerstäglichen Gedichte zu einer Lieblingsrubrik der Leser entwickelt. Das ist edel, schön und gut, birgt aber auch Probleme. Denn wo wird heutzutage überhaupt noch Lyrik in Zeitungen und Zeitschriften veröffentlicht, von komischen Gedichten ganz zu schweigen? Abgesehen von unfreiwillig komischer Poesie in christlichen Provinzbäckerblumen, deren Ästhetik die Wahrheit manchmal zitiert und parodiert. Aber deshalb glaubt jeder Volkshochschulreimer hier ein Forum finden zu können.

Ich hasse Gedichte! Zumindest die unverlangt eingesandten. Sie versetzen den Redakteur in ein moralisches Dilemma. Man will dem Verfasser, der sicher hart an seinem Produkt geklöppelt hat, ja gar nichts Böses. Doch seine dilettantischen Ergüsse schmerzen bisweilen geradezu körperlich. Oft sind die Verfasser Strafgefangene oder in der Psychiatrie Einsitzende oder pensionierte Studienräte im Gefängnis des Ruhestands. Man kennt das aus zurückliegenden Zeiten: Geraten Menschen in eine existenzielle Notlage wie Kriegsgefangenschaft, dann beginnen sie zu dichten. Die Dichtkunst als gehobene Form scheint die einzige Ausdrucksmöglichkeit, um das Elend der Erniedrigung oder schlicht der Langeweile zu ertragen. Auf sich selbst zurückgeworfen, blickt der Mensch in sein Innerstes und entdeckt dort Reime, die kühn ans Tageslicht drängen.

Leider entstehen so nur selten druckfähige Erzeugnisse, weil sich die lyrischen Locken selbstbegeisterter Wortschnitzer stets nur um eines drehen: Ich, Ich, Ich. Und wenn der Pegasusreiter sich nicht mit seinem Ego beschäftigt, sondern mit Politik, dann sieht er sich bereits als lorbeerumkränzter Träger hoher Auszeichnungen. Selbst wenn das Gedicht noch gar nicht niedergeschrieben ist. Einmal – und das ist eine wahre Geschichte – rief ein selbst ernannter Poet in der Wahrheit-Redaktion an und wollte seine Verse am Telefon vortragen, das heißt: nur den Anfang, denn das preisverdächtige Gedicht zur Lage der Nation war noch gar nicht fertig. Er habe gerade keine Zeit, es aufzuschreiben, da er mit dem Motorrad an der Tankstelle stehe und gleich weiter müsse, erklärte der reisende Blitzdichter, dessen Kunstwollen ich später in einem Kurzdrama mit dem Titel »Li-La-Lyrik« verewigt habe – inklusive des phänomenalen Verses: »Die Bundeswehr im Kosovo / froh wie der Mops im Paletot.«

Ich hasse Gedichte! Auf jeden Fall die feierlichen. Wer kennt es nicht, wenn beim runden Geburtstag der Großmutter zwischen Kaffee und Kuchen Onkel Eberhard das Leben der Jubilarin in monatelang schwer geschmiedeten Reimen Revue passieren lässt. Man windet sich auf seinem Stuhl wegen des quietschenden Rhythmus und rumpelnden Metrums. Es ist eine einzige krumme Katastrophe, vorgetragen vom brunzdümmsten Vertreter der Familie, eben jenem Onkel Eberhard, der einem schon als Kind suspekt war, weil er braune Sandalen und beige Socken zur kurzen Khakihose trug und verdrückte Witze erzählte über Busen und Flusen und jede Frau in seiner Nähe antatschte und nun mit frivolen Anspielungen auf Oma die feixende Runde erfreut, die immer wieder zu einem herüberlinst – schließlich habe man ja beruflich irgendwas mit Literatur zu tun und verstehe wohl einiges von der Sache.

Wenn dann aber nicht mehr zu verbergen ist, wie sehr man die frotzelnde Feierdichtung verabscheut, wird die vorwurfsvolle Frage gestellt: »Warum machst du das dann nicht selbst?« Die einzig mögliche Antwort ist: »Weil ich Gedichte hasse!« Und das versteht dann wieder die Familienbande. Denn Gedichte sind sowieso nichts Reelles, sondern nur Kokolores. Anerkennend wird genickt: Guck an, der Junge hat zwar in der Großstadt studiert, aber ist doch bodenständig geblieben. Für diese »Rückkehr nach Reim« sollten französische Soziologen einmal den Begriff der »sozialen Schamlyrik« prägen: »C'est bon, c'est bon / Géramont, Eribon.«

Ich hasse Gedichte! Besonders die schulischen. Auf dem Gymnasium wurde ich mit »Lesen – Darstellen – Begreifen« gequält, dem ebenso legendären wie verstaubten Deutschlehrbuch. Der modernste Poet darin war Brecht, und selbst der gar nicht so Falsche wurde totkanonisiert. Für die Schulzeit gibt es eine goldene Regel: Nur wer schlechte Noten im Deutschunterricht hat, kann ein passabler Schriftsteller werden.

Ich hasse Gedichte auch aus Neid, weil mein Mitschüler Peter Parker mühelos auf Zuruf Zwei- und Vierzeiler aus seinem Giggelkopf hervorzaubern konnte. Damals war er für mich vernebeltes Pubertätstränentier der größte Gelegenheitsdichter deutscher Zunge. Leider wurde er später zu dem Typus, der mir im Berufsleben öfter begegnen sollte: das vergeudete Talent. Für ihn wie für so viele andere empfindsame Versschmiede gilt die bittere Erkenntnis: Dichten – das ist fünf Prozent Talent und 95 Prozent Schweiß. »Die schärfsten Kritiker der Elche / waren früher selber welche.«

Die Rettung kam erst spät, mit Eckhard Henscheid, F.W. Bernstein und Robert Gernhardt, mit den Mitgliedern der Neuen Frankfurter Schule, die als große Ironiker stets vehement bestritten, Lehrer zu sein, aber genau das waren, indem sie in ihrer komischen Schule unter anderem einen neuen Zugang zur Lyrik schufen und einige wesentliche Dinge vermittelten: Dass man zum Beispiel selbst Goethe verbessern kann; dass das Auswendiglernen und Aufsagen von Gedichten aufregend sein kann; oder dass Gedichte schlichtweg Spaß machen können: »Der Kragenbär, der holt sich munter / einen nach dem andern runter.«

Ich hasse Gedichte! Denn ich darf sie nicht wie ein Normalleser genießen, sondern muss sie als Redakteur erarbeiten. An jedem Montag beginnt der Kampf um den raren Seitenplatz am Donnerstag. Auf der sonst nie gut gefüllten Halde für Texte stapeln sich die Gedichte. Ist Not am Mann, kein Text zur Hand, kann man immer ein Gedicht auf die Seite hieven – nicht nur donnerstags. Am liebsten würde jeder Dichter jeden Tag eines seiner Werke veröffentlicht sehen. Doch oft kommt ein »gravierendes Ereignis« dazwischen und der Redakteur muss das schon fertige Stück »absagen«, wie das bei Autoren meistgehasste Wort heißt.

Hat es der Dichter aber geschafft, sein Werk zu »verkaufen«, folgen die inhaltlichen Verhandlungen: In Strophe eins ist eine Dopplung, in Strophe zwei ein unnötiges Füllwort, in Strophe drei wird der stilistische Kniff übertrieben, um eine falsche Betonung auszugleichen. Und fast jedes Gedicht ist um mindestens eine Strophe zu lang, die allerdings der Autor für die beste hält, während der Diktator von Redakteur feststellt, dass ohne sie das Gedicht »rund« ist. Zuletzt muss der Redakteur den Despoten geben, damit es irgendwann ein Ende der Diskussion hat. Spätestens am nächsten Tag, wenn das Werk auf der Seite, eingebettet in ein beeindruckendes Bild, zu besichtigen ist und als Zugabe Leserlob eintrifft, ist der Disput vergessen – bis zum nächsten Mal.

Ich hasse Gedichte! Weil sie auf der Wahrheit-Seite ein Bild brauchen. Und das bedeutet, Verhandlungen mit der Fotoredaktion aufzunehmen und in wenigen Worten zusammenzufassen, was der Inhalt des Gedichts ist und was für ein Motiv dazu passen könnte. Da gehen die Vorstellungen aller Beteiligten mitunter weit auseinander. Gern stöbern Fotoredakteure Motive »quer zum Thema« auf, dann soll statt einer gewünschten Weintraube eine Erdbeere »der Hingucker« sein. Als Redakteur rollt man dann mit den Augen und versucht, den Blick der Fotospezialisten auf andere Aspekte zu lenken. Nur eine rote Linie darf nie überschritten werden: Ulkige Bilder von Scherzagenturen funktionieren gar nicht, weil sie meist nicht komisch sind oder in ihrer bemühten Witzigkeit zu sehr vom Witz des Gedichts ablenken.

Oft einigt man sich auf der formalen Ebene, das Motiv muss viel Himmel oder Wasser aufweisen, um den Text hineinstellen zu können. Landschaftliche Panoramen werden von Layoutern geschätzt, um die Dritten im Bunde zu erwähnen, wenn es darum geht, das Wahrheit-Gedicht ansprechend zu präsentieren. Und wieder wird verhandelt. Meist entscheiden die Layouter, die den besseren Blick aufs Ganze haben, auch wenn ihnen dieser schräge Reimkram nicht ganz geheuer ist.

Ich hasse Gedichte, weil ich in Notfällen selbst dichten muss. Wie am Freitag, dem 13. November 2015, als ich bis tief in die Nacht auf allen Kanälen das Blutbad von Paris verfolgte. In solchen Momenten schaltet das Hirn eines Redakteurs auf professionellen Modus und stellt Fragen: Wie kann man angemessen auf ein barbarisches Attentat mit den Mitteln der Satire reagieren? Welche Textsorte lässt sich einsetzen? Solch einem Ereignis kann man sich nur von der Form her nähern. Auch ein Chirurg wird während einer Operation keine Tränen des Mitgefühls über den Zustand seines Patienten vergießen, sondern die Lage distanziert analysieren und überlegt handeln. Poesie ist dann eine der wenigen Bewältigungsmöglichkeiten.

Und so entstand zum Beispiel das Gedicht mit dem Titel »So Gott wie tot«, bei dem sich der Arbeitsprozess verkehrte: War ich dem Autor bisher Lektor, wurde er nun zum Redakteur. Der Göttinger Könner Reinhard Umbach leistete Amtshilfe und trug entscheidende Verbesserungen bei – mit den bekannten Argumenten: Da ist eine Dopplung, dort gibt es eine falsche Betonung, aber insgesamt ist es nach den paar Korrekturen »rund«. »Ach hätte Gott doch in Paris / sich mitgesprengt ins Paradies.«

Solche Modifikationen muss man als Dichter aushalten können, denn auch Poesie ist das Ergebnis eines kollektiven Arbeitsprozesses. Immer noch halten wir am Bild des singulären Schöpfers fest, das der romantische Geniekult des 19. und der pathetische Nationalsozialismus des 20. Jahrhunderts prägte: Der geniale Heros formt seine hohen Worte aus dem Nebel tiefschürfender Gedanken und knattert sie dann bei Kerzenlicht in der zugigen Denkerstube aufs Pergament – fertig! Nein, auch ein Gedicht braucht unbedingt kenntnisreiche Gutachter wie zum Beispiel die Wahrheit-Kolleginnen Barbara Häusler, Corinna Stegemann oder Harriet Wolff, die allesamt auf die Wahrheit-Gedichte eingewirkt haben. Es braucht Korrektoren und Bildbearbeiter, Gestalter und Hersteller, ohne sie wäre alle Poesie nichts. Dichten bedeutet auch, die Persönlichkeit des Autors hinter sich zu lassen, die Perspektive zu wechseln und die Position des Gegenlesers einzunehmen. Schreiben kann jeder, sich selbst redigieren ist die Kunst. Und die größte Kunst ist, harte Maloche wie leichtfüßiges Tänzeln aussehen zu lassen.

Ich hasse Gedichte! Allein dafür, dass wir sie in einer kleinen, armen Zeitung präsentieren, die kein angemessenes Honorar zahlen kann. Peinliche dreißig Euro erhält ein Wahrheit-Dichter pro Veröffentlichung. »Gedicht ist die unbesoldete Arbeit des Geistes« – da hat sich kaum etwas verändert seit den Tagen des hauptberuflichen Arztes Gottfried Benn, der in der *Weltbühne* vom 29. Juni 1926 eine präzise Rechnung aufmacht, wie viel er in fünfzehn Jahren »Dicht- und Schriftstellertum« mit seinen Werken »Summa summarum«, so der Titel des Artikels, verdient hat: »Es sind 975 Mark.«

Dafür haben die Wahrheit-Gedichte einen der ungewöhnlichsten Veröffentlichungswege aller Zeiten gefunden: die Telefonwarteschleife der taz, bei der eben nicht wie sonst üblich Lalamusik losdudelt. Zwei Warteschleifen mit Wahrheit-Versen habe ich in einem Tonstudio besprochen. Von den Anrufern werden die Wartegedichte geliebt, im Haus wird vor allem die Ansage gehasst, weil sie bei Anrufweiterleitungen jedes Mal von vorn losgeht: »taz. die tageszeitung. Sie werden gleich verbunden. Solange: Gedichte von der Wahrheit-Seite.«

Ich hasse Gedichte – eigentlich nur ein wenig. Ich bekomme nämlich als Redakteur nicht nur schlechte, sondern auch sehr, sehr gute Verse zugesandt. Oden und Hymnen, Sentenzen und Sonette, Knittel und Knöttereien – die Wahrheit-Profis beherrschen alle klassischen und modernen Formen und wenden sie spöttelnd auf ebenso zeitlose wie aktuelle Vorgänge an. Dann werden beispielsweise Alltagsphänomene vorgeführt wie in der »Notiz eines immer gerngesehenen Besuchers« von Thomas Gsella: »Die Kerze längst kurz. / Im Bauch eine Lauge / aus Bier, Wein und Eier- / likör. Es war nett! // Ein mächtiger Furz. / Ich öffne ein Auge / und kotz wie ein Reiher / ins Gästebett.« Oder es wird vor politischen Wiedergängern wie den »Dresdner Zombies« gewarnt von Peter P. Neuhaus: »Denn dies ist Traum jedes Verwesten: / Am Montag Walking Dead in Dresden.«

Wahrheit-Dichter wie Fritz Eckenga, Thomas Gsella, Christian Maintz, Reinhard Umbach, Peter P. Neuhaus, Kathrin Passig, Klaus Pawlowski, Bernd Penners, Horst Tomayer, Jan Kaiser, Rayk Wieland, Matti Lieske, Carola Rönneburg, F.W. Bernstein, Georg Raabe, Dietrich zur Nedden, Susanne Fischer, Steffen Brück, Jörg Borgerding, Holger Paetz, um nur einige zu nennen, die für die Wahrheit dichten oder gedichtet haben, erhellen mit ihrem herzergreifenden Witz selbst den dunkelsten Ruhrgebiets-November oder führen mit ihrer klassischen Belesenheit frivole Verse in höhere Sphären oder formen rätselhafte Gedankengänge in schachblitzschnelle Reime. Alle rufen sie beim Leser wenigstens ein Lächeln hervor, getreu der Wahrheit-Devise: Ein Lächeln am Tag – und die Welt ist gerettet.

Am Ende bleibt wohl nur der Ruhm – auch wenn diese wahren Enthusiasten der komischen Poesie in »seriösen« Lyrik-Anthologien meist unterschlagen werden, weil im Deutschen noch immer das Leichte als minderwertig, das Ernste aber als Kunst gilt. Den Ruhm jedoch haben sich die Wahrheit-Dichter redlich verdient. Sie sind komisch, edel und gut. Und deshalb liebe ich die Wahrheit-Gedichte: für ihren Witz und Pragmatismus, ihre Pathosferne und Stilsicherheit und vor allem für ihre Ironie wie bei meinem absoluten Lieblingsstück von Holger Wicht, das den Titel »Halbherzige Absage« trägt: »Noch ein Gedicht? / Nein, heute nicht.«

# Der Tag des lustigen Gerichts

Zum Tod von Fritz Weigle alias F.W. Bernstein

Es gibt Tage, an denen sich Biografien jäh verändern. Und es gibt Tage, an denen der Stein nicht einmal bemerkt, dass er plötzlich zu rollen beginnt. Ein solch denkwürdiges Datum in meinem Leben war der 15. Dezember 1992. Ich lernte F.W. Bernstein kennen.

Vor das Berliner Kammergericht am Amtsgerichtsplatz in Charlottenburg war Eckhard Henscheid geladen. Der Satiriker, Romancier und Mitbegründer der »Neuen Frankfurter Schule« hatte sich in der Zeitschrift *Der Rabe* Heinrich Böll und sein Werk vorgenommen und den Nobelpreisträger unter anderem als »steindumm« und »korrupt« bezeichnet. Der Böll-Sohn René sah darin das Andenken seines Vaters beschädigt und hatte Henscheid verklagt.

Drei Monate zuvor hatte ich Henscheid in seiner Heimatstadt Amberg besucht, um einige Schauplätze seiner Erzählungen zu besichtigen und über zwei Tage ein langes Interview mit ihm zu führen. Ich hatte bereits eine Bibliografie zu seinem Werk veröffentlicht und wollte weiter wissenschaftlich daran arbeiten. Eigentlich war ich jedoch sehr unsicher, was meine Zukunft betraf, mein Studium war längst abgeschlossen. Wollte ich wirklich promovieren? Zusammen wanderten wir zur Kapelle Maria Schnee, und Henscheid spottete über uns als Nachfolger von Augstein und Heidegger.

An dem Dienstagmorgen im Dezember 1992 kam Henscheid nicht nur in Begleitung seiner Anwältin Gabriele Rittig, die in

Simone Borowiaks gerade erschienenem Bestseller »Frau Rettich, die Czerni und ich« die Vorlage für eine der Hauptfiguren geliefert hatte, der streitlustige Autor hatte auch eine breite Phalanx von Unterstützern an seiner Seite – darunter, wie er nun vorstellte, sein »persönlicher Gerichtszeichner«: F.W. Bernstein.

Vor mir standen zwei meiner literarischen Heroen. Mitbegründer der »Neuen Frankfurter Schule«. Henscheid, der Meister der Erzählkomik, und Bernstein, der Doppelmeister der komischen Dicht- und Zeichenkunst sowie Erfinder des berühmten Elch-Zitats. Das war wie Goethe und Schiller! Da konnte einen beinahe das Pathos überwältigen.

F.W. Bernstein hat einmal in einem Erinnerungstext beschrieben, wie Erich Kästner Mitte der sechziger Jahre die *Pardon*-Redaktion besucht hatte und wie ehrfürchtig die Redakteure dem großen Humoristen und Überlebenden der Nazi-Zeit begegnet waren. Am Tag, als der Bernstein in meine Welt kam, war die Ehrfurcht schon bald wie weggeblasen – auch weil Fritz, der zwar immer die Aura eines leisen Herrn und zurückhaltenden Gentlemans ausstrahlte, sich in kürzester Zeit von jedem beim Vornamen anreden ließ, um erst gar keine Distanz aufkommen zu lassen. Nur wenige nannten ihn »Bernstein« – ursprünglich war es sein Spitzname als Schüler in Göppingen, bevor es sein Künstlername wurde.

Der Prozess begann um zwölf Uhr mittags, und bis er um dreizehn Uhr zehn beendet war, protokollierte ich den Verlauf akribisch. In dieser Zeit hielt Fritz alle Beteiligten im Bild fest: Die hinter einer Schranke leicht erhöht sitzenden drei Richter; den Gegenanwalt Prof. Wilhelm Nordemann, den ich als »verschnarcht, lustig dummen Menschen« beschrieb; und das Publikum, zu dem mein Jugendfreund Udo Gansewig, der Bernstein-Schüler Ludwig Lang, der Zeichner Heribert Lenz und der Autor Gerhard Henschel gehörten. Und über allem schwebte als Unschuldsengel Heinrich Böll.

Nach langem Hin und Her wurde Henscheid schließlich, wie von den meisten Beobachtern erwartet, schuldig gesprochen. Der Anwalt der Gegenseite und die Richter waren sich früh einig: Der Text war eine Schmähkritik. Das würde teuer werden für den Angeklagten. Henscheid nahm die Niederlage sportlich und kündigte ein Rückspiel an.

Zur Beruhigung der Nerven ging es ums Eck in ein biederes Lokal mit dem selbst für Berliner Verhältnisse ungewöhnlichen Namen »Gasthaus Stadt Kassel«. Sogleich kam es zu einem kurzen Disput zwischen Henscheid und seiner Anwältin, als er behauptete, er sei vor Jahren für den Heinrich-Böll-Preis vorgeschlagen worden. Das hätte er doch früher erwähnen sollen, weil es der Argumentation der Verteidigung gedient hätte, tobte Frau Rittig, während der Rest erst einmal ein Frisches trank. Und Fritz zeichnete, wie er es immer in Runden tat, und fügte den blonden Trumm von einem Wirt ins Gesamtbild eines lustigen Gerichtstages ein.

Die vollständige Zeichnung des »Lokaltermins«, die Fritz später einigen der Porträtierten sandte, setzt sich aus den vorgefertigten Elementen zusammen und zitiert ironisch Bildmotive und -strukturen christlicher Malerei der Renaissance und des Barocks zwischen Letztem Abendmahl und Jüngstem Gericht: Im Himmel wird die göttliche Trinität durch die juristische Autorität ersetzt, der ein mephistophelisch über seine Schulter schauender Tempelwächter zur Seite steht. Die dynamische Verbindung zwischen Himmel und Erde bildet der Götterbote, der als Gläserträger auf Robert Gernhardts »Weinreinbringer« anspielt und dem von oben herab die mit einer Baskenmütze ausgestattete Dekorationsputte Böll vorausfliegt. Unten sitzen die Jünger im Kreis um den Verkünder, der als Einziger einen aufklärerischen Kaffee schlürft, während Fritz mit dem Stift in der Hand Petrus gleich die Botschaft aufnimmt. Der Kreis im Zentrum aber könnte ein Symbol sein – ein Heiligenschein oder der Ring des Nibelungen oder auch einfach nur ein Tisch: Auf diesem Bierfels sollst du meine Spottkirche gründen.

Vier Tage später traf ich Gerhard Henschel zufällig in Kreuzberg auf einer Party meines Kommilitonen Gunnar Kwisinski wieder. Wie sich herausstellte, hatten wir an der Freien Universität Berlin beim selben Professor, dem Raabe-Forscher Horst Denkler, studiert, ohne uns dort je begegnet zu sein. Henschel etablierte sich gerade als Autor, wir freundeten uns an und trafen uns von da an regelmäßig. Vor allem aber traf ich Fritz Weigle – oft auf Bahnhöfen, war er doch wie ich ein »Bahnhofshysteriker«, der Angst hatte, Züge zu verpassen. Meist war er eine Stunde vor Abfahrt auf dem Bahnsteig und beobachtete die Wartenden. Auf Zugfahrten nach Frankfurt, Greiz oder Kassel zu Buchmessen, Ausstellungen oder Lesungen unterhielten wir uns über abseitige Phänomene wie zum Beispiel Aggressionslinien in der Kunst, die immer von links nach rechts wiesen, weil Zeichner überwiegend Rechtshänder sind. Und er vermittelte die Grundlehre einer vom brutalen Geschrei der Nazis mitgeprägten Nachkriegsgeneration: Pathos ist immer falsch und muss mit Ironie gekontert werden.

Einmal begegneten wir uns überraschend auf einer Vernissage in der britischen Botschaft in Berlin, bei der sich Fritz früh verabschiedete, um mit dem Botschafter und ein paar ausgewählten Künstlern in der Residenz Seiner Exzellenz Muscheln und Rehrücken zu speisen. Wäre Fritz Brite gewesen, hätte ihn die Queen längst zum Ritter geschlagen und er hätte sich »Sir Fritz« nennen dürfen.

So sehr das Signet »Neue Frankfurter Schule« ironisch gemeint war, so sehr war Fritz Weigle tatsächlich Lehrer. Er hatte nicht nur die pädagogische Ausbildung, er lehrte, nach seiner Zeit als Redakteur bei *Pardon* und *Titanic*, von 1984 bis 1999 als Professor für Karikatur und Bildgeschichte an der Berliner Hochschule der Künste und bei Seminaren der Kasseler Caricatura oder in der 1990 von ihm gegründeten »Zeichenschule an der Eider« in Rendsburg. In den Zeichenseminaren wies er auf grundlegende Fehler hin: Oft haben Cartoon-Figuren zu kleine Hände und Füße. Lange, unförmige, knollenartig überzeichnete Nasen – ja, aber auch komische Figuren müssen proportional stimmig sein.

Ich kannte einige seiner Schüler, und je tiefer ich in diesen Kosmos hineingezogen wurde, desto klarer wurde mir, dass ich kein Fan, Forscher oder Epigone mehr sein wollte, sondern selbst schreiben. Damals hätte ich nicht zu träumen gewagt, dass ich eines Tages sein Redakteur sein durfte.

Rund neunzig Bücher umfasst sein Werk. Darunter sind Klassiker wie »Die Wahrheit über Arnold Hau«, Schätze wie »Bernsteins Buch der Zeichnerei« oder Ewigkeitsbegleiter wie die Bände mit seinen Gedichten. Sein feinsinniger Witz und seine inspirierende Ironie werden uns noch lange lachen lassen: »In mir erwacht das Tier, / es ähnelt einem Stier. / Das ist ja gar nicht wahr, / in mir sind Tiere rar. // In mir ist's nicht geheuer, / da schläft ein Zuckerstreuer. / Und wenn der mal erwacht, / dann Gute Nacht!«

Vor ein paar Monaten sah ich Fritz Weigle ein letztes Mal in Berlin vor dem Medusa, einem griechischen Restaurant im Friedenauer Dichterviertel, in dem er immer donnerstags einen Zeichnerstammtisch besuchte. Nun stand er, buchstäblich gezeichnet von einem Sturz, auf seinen breiten Stock gestützt da und war sofort hellwach: Er habe doch kürzlich Post von mir bekommen mit der Bitte um einen Text, demnächst werde er wieder ein Gedicht schicken, versicherte er. Dazu kam es leider nicht mehr.

Vor rund 25 Jahren schrieb ich kurz nach dem Henscheid/Böll-Prozess meinen allerersten Artikel für die *FAZ* und ihren damaligen Redakteur Gustav Seibt. Und damit begann eine neue Geschichte. Auch dank Fritz Weigle. Meine.